Sandrine COUTAUD

Médiumnité

La voie initiatique d'une âme en quête de Dieu

Contact : plusprochededieu@gmail.com

Youtube : Plus proche de Dieu

© 2025 Sandrine Coutaud
Édition : BoD · Books on Demand, 31 avenue Saint-Rémy,
57600 Forbach, bod@bod.fr
Impression : Libri Plureos GmbH, Friedensallee 273,
22763 Hamburg (Allemagne)
ISBN : 978-2-8106-2567-3
Dépôt légal : Juin 2025

Table des matières

Introduction 13

Quelques notes utiles pour la lecture de ce livre 17

Première partie - Journal 19

    Première expérience d'écriture automatique 23

    Ma vie d'enfant 25

    Vie de famille et désirs de carrière 27

    L'élément déclencheur 31

    Le début 35

    Mystification 39

    Transcender l'ombre en lumière 45

    Apprendre à discerner 53

    Une rencontre incroyable 57

    L'ancrage : reconnecter avec sa vie terrestre 59

    Le ressenti 69

    Mes règles d'or 75

    Positive ! 81

    Détache-toi 91

    L'instant présent 97

    Maîtriser mes pensées 101

    Première conférence 105

Deuxième conférence	109
Troisième conférence	111
Seule	115
Détachement	135
S'entraîner	139
Ce que je n'aurais jamais cru écrire	155
Deuxième partie - spiritisme et médiumnité	169
Dieu et les religions	183
Qui sommes-nous ?	189
Loi d'attraction et guidance spirituelle	197
La prière	207
Le spiritisme	213
Science	219
Philosophie	229
Religion	245
La médiumnité	259
L'échelle spirite	281
L'obsession	291
Le mot de la fin	303
Pensées poétiques	305

Préface

Témoignage de ma maman

La naissance de Sandrine a été pour nous une double bénédiction. Sa venue a été le rayon de soleil qui nous a redonné la joie de vivre. Comment décrire ce gouffre sombre de tristesse dans lequel nous étions plongés depuis trois ans ? Nous avions, jusqu'en 1975, une vie heureuse : une belle famille de trois enfants, deux garçons et une petite fille. En un instant, notre vie a basculé dans un horrible cauchemar. Nous avons perdu un fils et une fille. Impossible de décrire cette souffrance avec des mots.

J'essayais instinctivement de trouver un apaisement par le contact avec la nature. Allongée dans l'herbe, face au ciel, je cherchais à capter des énergies afin de me redonner du courage. J'enlaçais le tronc d'un chêne et lui demandais de me donner un peu de sa force. Je pensais à mon fils, restant seul, qui en un instant venait de perdre sa sœur, et son frère, son compagnon de jeu. J'ai essayé du mieux que j'ai pu de compenser le vide qu'il ressentait, en passant du temps avec lui à faire des jeux de société, à jouer aux échecs, aux cartes… je souffrais pour lui. Quelques mois plus tard, alors que j'étais en ville, j'ai vu dans une vitrine un livre noir avec des lettres d'or : *La vie après la vie*, du Dr. Raymond Moody. Ce livre était la confirmation de ce que je ressentais. Je savais que mes enfants étaient montés vers un autre monde ; mais le manque de leur présence était toujours là.

En 1976, j'attendais un bébé que j'ai perdu à huit mois et demi de grossesse ; une douloureuse épreuve de plus à surmonter.

Puis en 1977, à l'âge de 42 ans, j'étais de nouveau enceinte. Les médecins m'ont surveillée attentivement et m'ont conseillé de faire une amniocentèse afin de savoir s'il y avait un risque de trisomie... mais en voyant le cœur de mon bébé battre à l'écran, j'ai compris dans un débat intérieur tourmenté que je laisserai mon bébé venir au monde, tel qu'il serait. J'ai remercié Dieu de nous avoir évité d'avoir à affronter cela.

Sandrine était le rayon de soleil qui nous illuminait après un orage interminable. Après sa naissance, mon mari était tellement fatigué le soir en rentrant du travail que son frère, qui avait alors 18 ans, était presque comme un père pour elle ; il était présent, attentif et attentionné. Puis la vie a repris son cours. Les batailles à mener pour faire face aux soucis matériels se sont succédés aux petites et grandes joies quotidiennes. Au début de ma préface, j'ai dit que Sandrine était pour nous une double bénédiction : non seulement sa venue nous a redonné la joie de vivre, mais récemment, elle nous a ouvert la porte vers les contacts avec ceux que nous avons aimés, qui sont dans l'au-delà et nous envoient leurs messages.

Avant, même si au fond de moi-même je croyais à l'existence de l'âme, cette idée restait confuse, je n'y portais pas réellement d'attention. Lorsque Sandrine m'a parlé des messages qu'elle avait reçus pour ma sœur et son mari, d'une part d'un nommé Lucien, que j'ai immédiatement reconnu comme étant leur grand ami Lulu décédé un an auparavant, et d'autre part de ma tante Élisabeth qui demandait à mon cousin de se réconcilier avec son fils, alors que Sandrine ignorait ce qui s'était passé, ce fut pour moi une preuve indéniable qu'ils étaient toujours vivants, et qu'ils venaient ainsi exprimer leur amour.

Ces contacts remettent en cause notre propre vie. Ils nous font réfléchir, et ouvrent nos yeux et notre cœur à la certitude que nous retrouverons les êtres chers qui nous ont précédés dans le monde spirituel, et que nous aimons. Et le plus extraordinaire, ces messages nous aident à comprendre l'infinie puissance Divine, la véritable justice de Dieu, et surtout, son **Amour Immense et Inconditionnel** envers nous.

Martha. M

Remerciements

Je remercie mon mari pour son amour et son aide précieuse tout au long de ces années.

Je remercie mes parents, pour l'immense amour qu'ils m'ont toujours apporté.

Je remercie mes guides spirituels, et tous les bons Esprits qui sont à mes côtés.

Je remercie toutes les personnes qui m'ont consultée, pour leur gentillesse et leur compréhension lorsque le contact médiumnique avec leur être cher ne s'établissait pas.

Et je remercie Dieu, sans qui rien de tout ceci n'aurait été possible.

Introduction

Il y a quelques années, je n'aurais jamais imaginé que la vie me mènerait vers des expériences telles que celles dont je témoigne dans ces pages. À l'âge de 34 ans, j'ai découvert que j'avais la capacité d'entrer en contact avec le monde invisible. Si j'ai commencé à m'intéresser à la médiumnité, c'est parce que je me suis sentie *appelée* dans cette voie. C'est par la médiumnité que je me suis ouverte à la spiritualité, à Dieu, et à tout cet Amour Inconditionnel, invisible et pourtant tellement présent.

C'est également par la médiumnité, et par la découverte de ce qu'est véritablement le spiritisme, que j'ai trouvé des réponses aux grandes questions existentielles de la vie : qui sommes-nous, d'où venons-nous, qu'adviendra-t-il de nous après cette vie ?

J'ai ainsi pris conscience du sens et du but de notre existence. Mon monde intérieur a basculé, mes yeux se sont ouverts sur un univers que je ne soupçonnais pas : les guides spirituels et les Esprits qui nous entourent, bons et mauvais, ainsi que l'influence occulte qu'ils exercent sur nous. Je sais dorénavant que nous sommes guidés, et que les coïncidences ou synchronicités sont en réalité l'effet d'une guidance spirituelle.

Au début, sans connaissances ni expérience, je suis tombée dans les ombres. J'ai été mystifiée par de mauvais Esprits, et cette expérience fut très douloureuse. Suite à cela, j'ai ressenti le désir ardent de rectifier mes erreurs. Aujourd'hui, avec le recul, je remercie le ciel pour cette expérience, car elle m'a permis d'apprendre. Grâce à ce que j'ai vécu, je peux désormais apporter mon aide aux autres afin qu'ils évitent les pièges dans lesquels je suis moi-même tombée par le passé.

Si disposer de facultés médiumniques est naturel, en revanche, devenir médium au sens noble du terme s'apprend. Vous découvrirez au fil de cet ouvrage que si le point de départ est une grande volonté de bien faire, la discipline et le travail sont quant à eux indispensables. Mes guides spirituels, véritables professeurs dont la sagesse, l'amour, et la patience n'ont jamais fait défaut, m'ont enseigné tout ce que j'avais besoin d'apprendre.

Certaines personnes trouvent Dieu dans la religion, d'autres à travers la science ; dans mon cas, ce fut par la médiumnité.

Une véritable voie initiatique s'est ouverte dans ma vie. Alors que j'étais indifférente à toute idée spirituelle, progressivement et sans même que j'en ai conscience, j'avançais vers ce que mon âme désirait ardemment : Dieu.

Je souhaite que mon témoignage vous aide à utiliser vos facultés médiumniques dans un esprit d'amour et de service, en collaborant avec les sphères supérieures du monde spirituel, et surtout qu'il vous éveille à l'importance de mener une vie en accord avec les Lois Divines ; car notre raison d'être sur cette Terre, c'est avant tout d'apprendre à aimer.

La vie sur Terre et la vie dans le monde spirituel, c'est toujours La Vie, c'est toujours Nous. C'est le cycle de la vie tel un battement de cœur qui bat dans l'éternité. La médiumnité est un cadeau, mais également une immense responsabilité. Soyez sûrs que grâce à une étude attentive, vous apprendrez où sont les dangers, et pourrez ainsi les éviter. Et, si vous placez l'Amour au cœur de vos pensées, vos paroles, et vos actes, alors Dieu vivra en vous, et vous bénéficierez ainsi de la meilleure protection possible. Je vous souhaite à toutes et à tous, le meilleur.

Sandrine

Quelques notes utiles pour la lecture de ce livre

Incarné : Esprit vivant sur Terre avec un corps physique, incarné dans la matière. Autrement dit, nous.

Désincarné : Après la mort du corps physique, nous retournons à la vie spirituelle en tant qu'Esprit désincarné, libéré de notre corps physique.

Dieu : Pour ma part, Dieu ne se rapporte à aucune religion en particulier ; il est au-dessus de toute religion. Il est Esprit, Créateur de toutes choses, Amour inconditionnel, Intelligence suprême, Justice, Sagesse…

esprit : écrit sans majuscule, il s'agit de notre mental.

Esprit : écrit avec une majuscule, il s'agit alors des êtres invisibles peuplant le monde spirituel.

Esprit **inférieur :** Inférieur en moralité. Encore attaché aux passions terrestres, situé en bas de l'échelle de l'évolution.

Esprit **supérieur :** Supérieur à nous dans ses vertus. Supérieur en moralité, en sagesse, en connaissances, en Amour. Détaché de l'influence de la matière, situé en haut de l'échelle de l'évolution.

Nous, Vous : Lorsque ces mots sont écrits avec une majuscule, il s'agit de l'Être immortel que nous sommes, de notre Âme, et non de l'être humain qui nous définit aujourd'hui.

Mystifier : Tromper, leurrer, abuser de la crédulité d'autrui, duper à l'aide de ruses et de subterfuges, de malice et de méchanceté.

Périsprit : Corps fluidique formé d'une matière subtile, intermédiaire entre l'esprit et le corps.

Psychographié : Message reçu en écriture automatique par l'intermédiaire d'un médium, mais dont l'auteur est un être spirituel, un Esprit.

EA : Écriture Automatique

N.B : Les prénoms de mes frères et sœurs ont été changés pour l'écriture de ce livre.

Première partie - Journal

« La force ne vient pas des capacités physiques,
Elle vient d'une volonté invincible. »
Gandhi

Mes parents

La vie est parfois bien étrange. Ma présence sur Terre a ceci de singulier que si mes parents n'avaient pas perdu trois enfants il y a de cela quarante ans, je ne serais jamais venue au monde.

C'était en 1975. Une famille heureuse comme il y en a tant, avec trois enfants : François 15 ans, Olivier 12 ans, Cynthia 6 ans. Puis l'accident est arrivé… un accident qui a privé mes parents de deux de leurs enfants : Olivier et Cynthia. La souffrance qui s'en est suivie pour eux et pour mon frère aîné ne peut être exprimée avec des mots.

Quelques temps après, maman est tombée enceinte ; elle avait alors 41 ans. Elle attendait une petite fille qui devait s'appeler Florence. À huit mois et demi, le dernier examen avec le médecin avait démontré que le bébé allait bien, que tout était normal, et que l'accouchement ne devrait plus tarder. Deux jours plus tard, mon oncle et ma tante étaient à la maison, et dans une discussion, ma mère confia à ma tante qu'elle pensait que le bébé ne devrait plus tarder, car elle ne le sentait plus bouger. Ma tante lui répondit alors que ce n'était absolument pas normal, et qu'il fallait aller à l'hôpital immédiatement. Lors de l'auscultation, le médecin annonça à maman que le bébé était mort-né.

Lorsque maman est tombée enceinte de moi, elle avait 42 ans.
À cette époque, c'était très risqué d'avoir un enfant à cet âge. Elle a donc subi une amniocentèse. Elle m'a raconté l'angoisse que papa et elle avaient ressenti durant l'attente du résultat ; j'étais tellement désirée… et puis le courrier est arrivé. Maman était dans la cuisine, elle vit arriver mon père qui remontait l'allée menant à la maison, il avait un sourire rayonnant. Un bébé, en bonne santé, une fille. Moi.

Ma mère m'a raconté qu'à l'âge de quinze jours, j'étais un peu enrhumée ; je dormais dans mon berceau tandis qu'elle était à côté de moi. Elle m'a entendue faire un bruit qui l'a alarmée : j'avais la bouche grande ouverte et mon visage devenait bleu ; je manquais d'air. En un instant, tout ce qu'elle avait vécu se mit à défiler dans son esprit comme un film et elle s'est dit : *« mon Dieu non, pas encore une fois »*. Elle savait que si elle appelait les pompiers, le temps qu'ils arrivent, ce serait trop tard. Cela s'est imposé à elle, elle savait qu'elle était la seule à pouvoir agir, et qu'il fallait le faire *immédiatement*. Elle mit sa bouche sur mon visage et aspira de toutes ses forces afin de dégager les glaires qu'il y avait dans mon nez et ma gorge ; je ne respirais toujours pas. Alors, elle souffla dans ma bouche et mon nez afin de remettre de l'air dans mes poumons… et je revins à la vie. Une seconde naissance. Voilà les circonstances particulières de ma venue au monde.

J'ai reçu énormément d'amour. J'ai grandi comme une enfant unique puisque mon frère aîné avait 18 ans lors de ma naissance.

Dans leur vie, mon père était artisan garagiste et ma mère s'occupait de moi. Le moins que l'on puisse dire, c'est que la vie n'a pas été tendre avec eux. Je les ai toujours vus dans des situations quotidiennes pénibles et précaires. D'aussi loin que je me souvienne, mes parents ont toujours eu des soucis financiers ; le sujet revenait sans cesse dans les discussions quotidiennes. J'ai le souvenir d'une image qui m'est restée, je devais avoir cinq ou six ans ; c'était la nuit. J'avais fait un mauvais rêve et je m'étais levée pour aller voir maman. Du couloir, j'ai vu une lueur qui provenait de la salle à manger ; je me suis avancée et je l'ai vue assise, accoudée sur la table, devant un tas de papiers étalés. Elle semblait déprimée, fatiguée, inquiète. Elle tenait son front dans sa main et je l'ai entendue dire : « Mais comment est-ce qu'on va faire ? » Cette image de ma mère dans la pénombre m'a profondément marquée.

Mon père a toujours travaillé très dur. Il partait tôt le matin et rentrait tard le soir, et malgré cela, la situation financière a toujours été très difficile. Néanmoins, ils ont toujours fait preuve de beaucoup de courage, et nous étions heureux.

Première expérience d'écriture automatique

Je devais avoir environ neuf ans. Nous apprenions les multiplications en ligne à l'école, mais je n'avais absolument pas compris la leçon. L'institutrice nous avait donné des devoirs à faire à la maison, et je ne les avais pas faits. Le lendemain matin, en classe, elle s'apprêtait à faire venir un élève au tableau pour effectuer la correction. J'étais terrifiée à l'idée qu'elle m'appelle ; je me disais intérieurement *« pourvu que ce ne soit pas moi, pourvu que ce ne soit pas moi ! »* Et, évidemment, elle a prononcé mon nom.

J'étais tiraillée par la peur, je me sentais vidée de l'intérieur. Je me suis avancée, j'ai saisi la craie et l'ai posée sur le tableau. Ne sachant pas quoi faire, j'ai fermé les yeux, et… ma main s'est mise à écrire toute seule. Je voyais ma main écrire des choses au tableau, mais ce n'était pas moi, je n'avais pas la moindre idée de ce que j'étais en train d'écrire. Puis ça s'est arrêté, ma main est retombée. J'ai levé les yeux vers la maîtresse qui m'a dit : *« C'est très bien, retourne à ta place »*.

Je n'avais aucune idée de ce qui venait de se passer. Aujourd'hui, je sais qu'il s'agissait de psychographie. C'est l'unique expérience médiumnique qu'il m'ait été donné de vivre dans mon enfance.

Ma vie d'enfant

Dans ma jeunesse, à l'école puis au collège, j'étais souvent seule, cible de moqueries et de méchanceté. Je me sentais différente et n'ai jamais réussi à me fondre dans la masse. J'en venais même à me dire que je devais avoir un problème. Qu'est-ce qui n'allait pas chez moi ? Pourquoi accordais-je tant d'importance à ce que les autres pouvaient me dire ? Pourquoi n'arrivais-je pas simplement à m'en détacher, à les ignorer ? Tout me touchait en plein cœur, et j'en souffrais beaucoup.

À l'âge de 10 ans, j'ai vu quelqu'un dans une émission de télévision jouer de l'accordéon, et cela a complètement attiré mon attention, je voulais en jouer. Mon père qui adorait cet instrument était ravi, mais l'accordéon auprès des jeunes était démodé, vieillot.

Je me souviens d'une fête de la musique organisée par le collège à laquelle j'avais accepté de participer ; tous les élèves ainsi que leurs parents étaient présents. Il y avait de tous les instruments, mais j'étais la seule à jouer de l'accordéon. Lors de mon passage, je n'ai pas eu droit à des applaudissements, mais aux huées des élèves.

À l'époque, vivre tout cela était très difficile. Néanmoins, je réalise aujourd'hui que ces expériences m'ont été utiles : elles m'ont appris à me renforcer, et j'en avais grand besoin. Concernant la scolarité, mes résultats n'étaient ni très bons ni très mauvais… 10/20, c'était en général ma moyenne à chaque fin d'année scolaire.

Lorsque je fus en âge de choisir une orientation pour mes études, malgré de longues discussions sur ce que j'aimais et une recherche approfondie des voies possibles, aucune ne me semblait appropriée. Mais, il a bien fallu faire un choix, et je me suis donc dirigée vers un BEP communication et secrétariat, pensant que cela me serait toujours utile dans ma vie de toute façon.

Vie de famille et désirs de carrière

Ayant grandi seule, je rêvais de fonder une grande famille. En l'an 2000, je me suis mariée, et les années suivantes ont été consacrées à mon foyer. J'ai choisi d'être assistante maternelle agréée afin de travailler tout en restant à la maison pour m'occuper de mes enfants. Tout était parfait, j'étais vraiment heureuse. En 2008, j'ai donné naissance à mon quatrième enfant, et par la suite j'ai cessé de travailler pour me consacrer exclusivement à ma famille.

Cette décision d'arrêter mon travail avait ses avantages et ses inconvénients. Pouvoir me consacrer totalement à l'éducation de mon petit dernier me comblait, je savourais chaque instant ; mais vivre à six personnes sur un seul salaire était loin d'être simple. C'est donc tout naturellement, courant 2010, que j'ai commencé à réfléchir à mon avenir professionnel. Reprendre en tant qu'assistante maternelle à temps plein ? Cela semblait compliqué. Pour mon mari, Thierry, qui travaillait en 2×8 dans une usine de pièces automobiles, avoir des enfants en permanence à la maison l'empêcherait de se reposer en journée, et il y aurait des difficultés au niveau de l'organisation ; comment accueillir trois enfants à mon domicile à partir de 7 h 30 le matin, lorsqu'on doit aller déposer à cette même heure en voiture nos propres enfants à l'école qui se situe à 10 km ? Trouver un emploi à l'extérieur ? Avec quatre enfants, après être restée dix ans à la maison et avec un simple BEP en poche ? Vu la conjoncture actuelle, bon courage.

J'ai donc cherché d'autres options. Je me suis posé la question : qu'est-ce que je veux vraiment ? Et de là a découlé cette réponse :
« J'adorerais trouver une activité que j'aime, tout en étant indépendante ; gérer mon temps et mon travail moi-même, ce qui me permettrait de m'organiser en fonction de mes enfants et de mon mari ».

Cependant je n'avais pas la moindre idée de ce que je pourrais faire. Néanmoins, je savais ce que je voulais et ce que je ne voulais pas. Je voulais être libre, indépendante, et j'aimais par-dessus tout le contact relationnel. J'ai découvert un jour le marketing de réseau, et pour moi, c'était exactement ce qui me convenait. La possibilité d'être indépendante et de gérer mon temps, de créer ma propre équipe, les relations humaines, les possibilités de revenus… cela correspondait tout à fait à ce que je recherchais.

Je me suis donc lancée, c'était en 2010. J'ai essayé plusieurs sociétés de marketing de réseau qui semblaient avoir un avenir prometteur. La première était dans le domaine de la dématérialisation sécurisée de documents, la deuxième dans l'esthétique, la troisième dans le culinaire… mais ça ne collait pas ; ça ne me convenait pas. Et oui, la base était toujours la même : il fallait vendre. Autant j'adorais le contact relationnel, autant le côté commercial me rebutait. Je ne voulais pas pousser les gens à l'achat, tout particulièrement lorsque je voyais qu'ils étaient déjà dans une situation financière compliquée.

Début 2012 j'ai découvert la loi d'attraction, et le sujet m'a immédiatement passionnée. Créer par la pensée, je trouvais ça véritablement fabuleux.

Durant six mois, j'ai lu tous les ouvrages possibles sur la pensée créatrice et la loi d'attraction, j'y passais tout mon temps libre. Je suis également allée écouter des intervenants sur le sujet.

Un jour, lors d'une conférence sur ce thème, une personne que j'y avais rencontrée m'a parlé avec beaucoup d'enthousiasme du livre *Conversation avec Dieu*, de Neale Donald Walsh. Ce livre avait eu un tel effet sur elle que je n'ai pas hésité à l'acheter. À partir de là, c'est l'Univers lui-même qui m'a menée là où je n'aurais jamais imaginé aller.

L'élément déclencheur

En commençant la lecture de ce livre, dès le début, je fus submergée par l'émotion lorsque je lus ce passage : *« Ma main est restée suspendue au-dessus du papier, retenue comme par une force invisible. Soudain, la plume s'est mise à bouger d'elle-même. Je n'avais aucune idée de ce que j'étais sur le point d'écrire... »* des frissons intenses m'ont parcourue le long de ma colonne vertébrale. Je me suis mise à fondre en larmes sans aucune raison, c'était incompréhensible. Qu'est-ce qui m'arrivait ? Pourquoi étais-je dans un tel état ? J'ai continué ma lecture et au fil des pages, certaines phrases résonnaient à l'intérieur de moi, comme si on me les disait, *à moi*, personnellement.

J'ai également réalisé que durant ces dernières années, les frissons intenses et subtils que je venais de ressentir, je les avais déjà ressentis auparavant. Alors, je me suis arrêtée un moment pour y réfléchir, et je me suis rendu compte qu'à chaque fois, ils étaient survenus lors d'une lecture qui se rapportait à la communication avec l'invisible. Aussi fou que cela puisse paraître, j'avais la sensation que l'Univers essayait de me faire passer un message. À la fin du livre, j'ai dit à mon mari :

- Écoute, c'est très bizarre, mais j'ai vraiment l'impression que l'univers tente de me dire quelque chose ; je crois qu'il faut que je me penche sur ce que j'ai vécu à l'école quand j'étais enfant.

Il m'a encouragée à continuer en ce sens. À partir de là, tout s'est accéléré. Je peux réellement dire que je voyais littéralement la loi d'attraction agir dans ma vie.

Tout semblait converger afin de m'emmener dans cette direction. J'ai rencontré trois personnes médiums en à peine deux semaines, alors que cela ne m'était jamais arrivé.

Un jour, je suis sortie pour acheter un pendule en cristal de roche. Cependant, une fois devant, mon regard n'arrivait pas à se détacher d'un pendule en pierre bleue avec des incrustations couleur or. J'avais beau me tourner vers les cristaux, c'était vers cette pierre que je revenais à chaque fois. Je demande son nom au vendeur : un lapis-lazuli. Sortant mon téléphone portable, je regarde sa signification ; quelle ne fut pas ma surprise quand je lus « *lapis-lazuli, appelée aussi pierre du médium...* » ça faisait vraiment beaucoup.

J'ai donc commencé à me renseigner au sujet de l'écriture automatique. Je voulais absolument trouver des informations qui me permettraient de comprendre ce que j'avais vécu à l'école, et d'apprendre, tout en me protégeant. J'avais décidé que puisque l'univers me poussait dans cette direction, la suite logique était d'essayer, par ma propre volonté cette fois, d'entrer en contact avec l'invisible. Je me disais que cela m'apporterait peut-être des réponses.

C'est le livre d'une médium québécoise, Marcelle Corriveau, qui m'a aidée à commencer la pratique de l'écriture automatique : *Le manuel de l'écriture automatique. Comprendre, apprendre.* Marcelle faisait quelque chose de spécial : pour chaque personne qui lui commandait son livre, elle écrivait à l'intérieur un message personnalisé qu'elle recevait par écriture automatique. Voici ce que j'ai reçu :

« Bonjour Sandrine. Tu ouvres la voie à la lumière, tu te permets enfin d'être pleinement la porteuse de vie, la messagère de lumière, la facilitatrice des anges. Merci à toi et sois en paix, nous t'admirons pour ton courage. »

Marcelle introduisait dans les pages du livre une carte de sa création, contenant un message censé être parfait pour qui le recevrait, et pour moi, c'était : *« Accepte de vivre ta lumière au grand jour, accepte de vivre tes dons, et de les exercer au grand jour »*.

Porteuse de vie ? Messagère de lumière ? Facilitatrice des anges ? Qu'est-ce que cela pouvait bien vouloir dire ? Ce message était bien flou, mais une chose était certaine, c'était encore un signe qui confirmait mon ressenti initial. J'avançais de toute évidence dans la bonne direction.

Plus j'en apprenais sur le monde invisible, et plus je me sentais attirée, fascinée ; je me suis donc lancée. Lorsque j'étais dans le silence total, je prenais une feuille, un stylo, je montais mes vibrations au moyen de la respiration et de la visualisation comme Marcelle l'expliquait dans son livre, je m'installais, puis j'attendais.

Durant quatre semaines, je n'obtins que des petits traits, rien de probant. Mais, courant juillet 2012 ma main s'est mise à écrire ; j'ai reçu mon premier message qui disait :

« On tient à toi ».

Le début

Le jour suivant le contact s'est établi très rapidement ; le stylo a écrit ceci :

– Quelqu'un aimerait te parler.
Je commençais à me sentir fébrile… j'ai demandé :
– Qui ?
– Tu la connais.

Je me sentais envahie par une vague d'émotion d'une force indescriptible. Cela était-il vraiment possible ? Y avait-t-il la moindre chance que je puisse réellement parler avec ma sœur, et avec mon frère, décédés tous les deux avant ma naissance ? Je n'osais pas y croire… les larmes commençaient déjà à couler. Alors, j'ai demandé :

– Qui est là ?
… et le prénom de ma sœur s'est écrit.

Il n'y a pas de mots pour décrire ce que j'ai ressenti en cet instant. Je pleurais tellement que je n'arrivais plus à voir ma feuille, et je n'osais pas me lever pour aller chercher un mouchoir de peur que la communication ne se coupe. Jamais je n'aurais cru cela possible, et pourtant… c'était bel et bien réel. J'ai communiqué également avec mon frère, et à partir de cet instant j'ai entretenu avec eux des contacts réguliers.

Lorsque j'ai partagé avec mes parents ce que je vivais, pour eux c'était incroyable. Maman avait lu le livre du Dr Raymond Moody *La vie après la vie*, suite à l'accident. Elle était donc persuadée qu'il y avait quelque chose après la mort, mais entendre sa propre fille, quarante ans après, lui dire qu'elle communiquait avec son frère et sa sœur depuis l'au-delà, elle n'était pas préparée à cela.

Par la suite, j'ai reçu des messages à transmettre dans mon cercle familial, des messages d'Esprits que je ne connaissais pas, qui se présentaient à moi avec leur prénom, et qui me donnaient un message à transmettre à l'une de mes connaissances. Un jour que j'étais au téléphone avec maman, je lui ai dit :

– Tiens, j'ai reçu un message d'un certain Lucien, pour tonton et tata ; et un autre d'Elisabeth, qui disait :

Il serait tant que tu te réconcilies avec ton fils, tu ne crois pas ?

Tout d'abord, je ne connaissais pas de Lucien. Et ensuite, à ma connaissance, mon oncle et ma tante n'étaient pas fâchés avec leurs fils. Ces messages me laissaient donc complètement dans l'expectative… mais il n'en fut pas de même pour maman. Pour elle, ce fut la preuve formelle que je communiquais bien avec l'au-delà. Elle s'exclama :

– Mon Dieu ! Mais, Lucien, c'est le meilleur ami de tonton et tata qui est décédé l'année dernière !

– Et ce message d'Elisabeth, c'est pour G. ! C'est à lui qu'il est destiné ! C'est incroyable !

En effet, en passant par mon oncle et ma tante, les guides spirituels savaient que le message serait compris, et que la personne à qui il était destiné le recevrait. Les messages passent quelquefois par un intermédiaire, j'ai remarqué ce cas à plusieurs reprises avec d'autres médiums, notamment lors de séances de médiumnité publiques.

Ce jour-là, maman fut certaine. Elle sait désormais qu'une communication est possible, et réelle, entre le monde spirituel et la Terre, et que la vie continue après la mort. Cette preuve était d'autant plus forte que je ne connaissais ni ce fameux Lucien, ni la situation dont il était question. Quant à moi, j'avais désormais la certitude que je communiquais bel et bien avec le monde invisible. J'étais comblée.

J'écrivais chaque jour, c'était devenu une véritable passion.
J'y consacrai beaucoup de temps ; trop. Mon frère m'a alors écrit ces mots : *« tu ne dois pas être trop dépendante de nous, tu as ta vie physique avec ton mari et tes enfants, et nous n'en faisons pas partie. »*

Cela peut sembler incompréhensible, mais vous ne pouvez pas imaginer à quel point ce fut difficile pour moi. J'avais bien conscience qu'il me disait cela pour mon bien, qu'il fallait que je me détache un peu, mais je n'en avais pas envie. Je ne le voulais pas. J'ai pleuré une bonne partie de la nuit, je me sentais désemparée.

Le lendemain, en EA (écriture automatique), ce ne sont pas eux qui sont venus me parler. C'était un Esprit qui s'est présenté sous le nom de Richard, comme étant mon guide spirituel. Il m'expliqua ce que je savais déjà, que mon frère et ma sœur faisaient ça pour mon bien, qu'ils souhaitaient uniquement mon bonheur, et je l'ai accepté.

Toutes ces expériences me firent devenir hypersensible, mais en réalité, ce mot ne convient pas, car je l'ai toujours été ; là, c'était différent. Mon hypersensibilité était démultipliée, je pleurais énormément, pour rien ; j'étais à fleur de peau, tout le temps.

Au cours de nos communications, Richard m'a appris que c'était ça ma voie : transmettre des messages aux personnes autour de moi. J'ai également appris que chaque être humain est un Esprit incarné, que nous sommes tous ici dans cette vie pour une raison précise qui est propre à chacun, et que nous avons tous un guide spirituel, un ange gardien qui veille sur nous, et nous guide sur notre chemin de vie. Ils peuvent provoquer des événements, des circonstances dans nos existences, selon le plan de vie que Nous avons choisi avant notre incarnation. J'ai découvert que l'univers fonctionne selon des lois naturelles, et que ce que nous appelons « la loi d'attraction » fait partie intégrante de ces lois, mais pas de la manière dont on nous la présente habituellement. Nous attirons véritablement à nous des événements, des circonstances dans nos vies. Oui, nous créons par la pensée, mais pas uniquement : nous sommes guidés depuis le monde spirituel. C'est une co-création, et je développerai ce point plus en détail par la suite.

Un soir que Thierry était seul, il a essayé l'EA sans m'en parler. Au bout d'une heure, il communiquait avec son guide spirituel sur sa tablette tactile. Nous sommes un couple atypique : deux médiums, tous les deux attirés par la spiritualité. On nous a appris que nos voies étaient totalement complémentaires, nous nous laissons donc guider.

Mystification

J'ai mis du temps à accepter les bienfaits de ce que j'ai vécu durant l'été 2012. Pourtant, je sais qu'aussi douloureuse qu'ait pu être cette expérience, c'est grâce à elle que j'en suis là aujourd'hui. J'ai vu l'ombre de si près, je suis tombée si bas, que lorsque je l'ai compris je ne désirais plus qu'une chose : avancer vers l'amour et la lumière. Mon désir n'aurait pu être plus puissant, plus intense… et c'est ce qui m'a donné la force et la volonté pour remonter la pente après avoir été subjuguée. Grâce à cette expérience, je sais maintenant ce qu'est l'obsession[1] puisque je l'ai vécue, et c'est ce qui me permet d'apporter mon aide aux autres.

Comment cela a commencé ? J'écrivais beaucoup trop. J'appelais mon guide pour un rien, sans raison sérieuse ; je lui demandais son avis sur tout. En fait, en analysant la situation avec le recul, chaque occasion était un prétexte pour l'appeler. J'avais besoin de ce contact, simplement envie de parler avec lui. La communication avec l'invisible me fascinait, et j'avais tellement de questions à poser.

À un moment donné, sans que je m'en rende compte, un Esprit inférieur a pris la place de mon guide dans mes communications.

---

1 L'obsession spirituelle (également nommée "fascination" ou "subjugation" selon le degré de l'obsession), est une étreinte qui paralyse la volonté de celui qui la subit et le fait agir malgré lui.
Il est, en un mot, sous un véritable joug.

Il faut bien comprendre que sur Terre, le monde est vaste : il y a des personnes d'une grande bonté, bienveillantes envers leur prochain, mais il y a également des menteurs et des manipulateurs qui se plaisent à faire le mal. C'est exactement pareil dans l'au-delà, il n'y a pas que du bon, loin de là.

J'étais très émotive, à fleur de peau, sans aucune expérience ; et j'avais en moi, comme nous tous, des zones d'ombre. Cet Esprit a su s'en servir à la perfection.

Les Esprits inférieurs se servent toujours de nos faiblesses pour nous atteindre. Par exemple, si vous souhaitez développer vos capacités et devenir « un grand médium », ils vont vous dire ce que vous désirez entendre, que vous allez réaliser de grandes choses, que vos capacités seront transcendantes, que vous ferez beaucoup de bien. Ils vont se servir de l'orgueil et de vos désirs pour vous atteindre.

Autre exemple : si vous avez un manque de confiance et d'estime de vous, et que vous avez un grand besoin de vous sentir aimé, l'Esprit pourra se faire passer pour une personne ayant été très proche de vous dans une vie antérieure, un mari, une femme, un enfant, et vous dira les paroles que vous avez envie d'entendre, pour gagner progressivement votre confiance.

Comme ils peuvent lire dans nos pensées, il utilisera vos goûts actuels pour se rendre crédible ; si vous êtes passionné par le continent asiatique, il vous dira que c'est normal parce que vous avez vécu votre dernière vie dans tel pays (en Asie), que vous étiez mariés, et heureux, qu'il n'a jamais cessé de vous aimer, etc... tout ce qui peut l'aider à attirer votre attention, et gagner petit à petit votre confiance.

Les faiblesses humaines sont nombreuses et nous en avons tous. Les médiums débutants doivent avoir bien conscience de ce fait car quels que soient nos désirs, ce sont précisément les failles qui permettront à ces Esprits de nous atteindre. Nous devons donc être conscients de nos propres faiblesses, être vigilants, et travailler sur nous-mêmes afin de nous améliorer.

Quand j'ai commencé à glisser vers le bas, je ne m'en suis pas rendu compte... ils savent vraiment s'y prendre. Ils disent exactement les mots que l'on a envie d'entendre, et ainsi l'Esprit a de plus en plus d'emprise sur nous. Je croyais sans discernement tout ce que l'on me disait en écriture automatique, c'était comme si ma raison avait été effacée, comme si elle n'était plus en état de fonctionner, mais je n'en avais pas conscience. J'étais aveuglée, je ne m'en rendais pas compte.

Les Esprits inférieurs ont l'art et la manière de nous éloigner de toute personne qui pourrait les démasquer, et mon mari faisait partie de ces personnes. Il a en lui une force, un discernement inné qu'à l'époque, je n'avais pas.

C'est donc tout doucement, insidieusement, qu'ils ont commencé à créer des tensions entre nous. De fil en aiguille, j'en suis venue à cacher mes communications, à m'isoler pour écrire, chose à ne JAMAIS faire. J'y passais des heures, et des heures... Quand je n'avais pas de feuille et de crayon sous la main, j'écrivais avec mon doigt sur ma cuisse... l'obsession. Les phénomènes se sont amplifiés : ça ne s'arrêtait plus à

l'écriture, je les entendais ; ils pouvaient agir sur moi et contrôler certains mouvements. Un soir, mon mari a trouvé une de mes communications, et une grosse dispute a éclaté entre nous comme jamais nous n'en avions eu. Ce soir-là, nous étions en plein drame. Comme je ne voyais plus rien que l'écriture automatique, je lui ai dit :
– *Vas-y ! Demande-leur, tu verras !*

C'est ce qu'il a fait. Il prit une feuille et un stylo et appela son guide, qui lui répondit que j'étais mystifiée par de mauvais Esprits, et que je devais cesser d'écrire immédiatement et totalement.

Je n'y croyais pas. Je ne comprenais pas. Pour moi, c'était impossible. Aussi absurde que cela puisse sembler à vous qui lisez ces lignes, j'étais complètement aveuglée, je ne voyais rien. Je repris le stylo, et l'Esprit inférieur essayait tant bien que mal de convaincre mon mari, tandis qu'à côté de moi, il était toujours en EA avec son guide qui lui disait que je devais arrêter sur-le-champ.

À un moment donné, alors que j'écrivais, mon époux a mis sa main sur mon bras, et le stylo que je tenais s'est arrêté d'écrire. Il enlevait sa main, le stylo écrivait, il remettait sa main sur mon bras, et le stylo n'écrivait plus. L'énergie de mon mari (qui n'était pas aveuglé comme je l'étais et qui était en pleine possession de sa capacité de discernement) passait à travers moi et empêchait l'Esprit de se manifester. C'est à ce moment-là que je me suis « réveillée ». J'ai réalisé. J'ai compris que depuis des semaines, j'étais obsédée, mystifiée par de mauvais Esprits. Ça a été la douche froide, même… glaciale.

J'ai demandé à mon mari d'interroger mon guide sur ce que je devais faire maintenant, car j'étais complètement perdue, et Richard a répondu que je devais cesser d'écrire totalement, que j'étais bien trop fragile et que je ne pouvais pas continuer.

Comment vous décrire dans quel état je me trouvais … une droguée à qui on enlève sa dose. Je tremblais, physiquement. J'étais clairement en manque. J'ai donc arrêté d'écrire. Je ne pouvais pas faire autrement, car dans l'état dans lequel je me trouvais, encore sous l'influence des Esprits inférieurs, je n'aurais pas pu obtenir de bonnes communications ; question de vibrations.

Dans les jours suivants, nous avons fait appel à quelqu'un afin de faire partir les mauvais Esprits qui s'étaient attachés à nous, parce que la mystification dont j'avais été victime avait désormais des effets sur mon mari. Bien que je n'écrivais plus, les Esprits inférieurs étaient toujours là. Thierry sentait autour de lui des présences négatives et hostiles. Il ressentait des attaques occultes, une oppression sur son cœur durant le sommeil, des ressentis très désagréables.

La personne à qui nous avons fait appel était un homme sérieux et expérimenté qui agissait avec les radioniques ; en 48 heures, tout à la maison était redevenu normal.

Transcender l'ombre en lumière

Néanmoins, intérieurement, je ressentais toujours les effets de la mystification. Toutes mes pensées étaient dirigées vers le monde spirituel, vers l'écriture automatique. J'avais perdu pied, un déséquilibre total. Je ne pensais qu'à écrire. Mais, je voulais m'en sortir. Ma volonté n'aurait pas pu être plus ardente ; plus que tout, je voulais continuer dans cette voie, et j'étais prête à faire tout ce qu'il faudrait pour y arriver.

J'ai entamé ce qui pour moi fut une véritable cure de désintoxication. Cette période dura environ un mois. Pendant ce temps, je fis un *immense* travail d'introspection afin de comprendre pourquoi tout ceci m'était arrivé, où étaient mes erreurs, comment je pouvais m'améliorer, et agir pour qu'à l'avenir, cela ne se reproduise plus. Ce n'est déjà pas facile de se regarder soi-même en face et de reconnaître avec honnêteté tout ce qui ne va pas en nous, mais c'est encore plus dur de travailler, minute après minute, jour après jour, semaine après semaine, à s'améliorer.

Voici ce que j'ai écrit dans mon **journal, le 3 décembre 2012** :

Par quoi je commence ? Ce n'est pas évident. Je sais intellectuellement ce que je dois faire pour évoluer, mais entre le savoir et le vivre, il y a un écart. C'est cet écart que je travaille à effacer. J'ai déjà beaucoup avancé, j'avance chaque jour davantage. J'aimerais avancer plus vite, mais je sais que je dois apprendre la patience. Je dois apprendre à marcher et non à courir, mais maintenant que j'ai compris où étaient mes erreurs et que je vois la lumière au bout du tunnel, je n'ai pas envie de marcher, j'ai envie de courir.

Ces derniers jours j'ai eu l'impression de mener une véritable bataille intérieure : l'ombre contre la lumière. D'ailleurs ce n'est pas une impression, je combats véritablement les zones d'ombre en moi-même afin d'y laisser éclater la lumière. Je comprends que je suis l'unique créatrice de mes peurs, de mes doutes, de mon manque d'estime de moi ; et puisque j'en suis l'unique créatrice, il n'appartient qu'à moi de les détruire. Je les ai créées, je les détruis.

J'ai utilisé tous les outils possibles pour m'aider : les exercices de visualisation, l'autosuggestion décrite dans la méthode Coué, l'hoponopono, l'EFT, la méditation, la prière, tout ce qui pouvait m'aider à nettoyer mes zones d'ombre. C'est un travail sur la durée qui demande de la constance, je vais y arriver. J'ai sûrement encore beaucoup de travail à faire, mais ce n'est pas gênant, je l'accepte.

Pour l'instant, la bataille est rude. J'ai le sentiment de faire un pas en avant, puis un pas en arrière. Mais, ce n'est qu'une sensation, je sais qu'elle est fausse, qu'elle est créée de toutes pièces par mon désir d'aller plus vite, car s'il y a bien une chose dont je suis sûre, c'est que j'avance. J'ai encore beaucoup de difficultés à lâcher-prise, à me laisser aller au courant de la vie sans prendre les rames pour aller plus vite... c'est tout un apprentissage, j'imagine que cela viendra avec le temps.

Ce qui me manque le plus c'est l'écriture automatique. Pouvoir communiquer avec l'invisible. Mais je sais que je ne suis pas prête, par le *simple fait que j'en ai autant envie. On me l'a bien fait comprendre et j'accepte qu'il en soit ainsi. Je comprends que c'est pour mon bien. J'ai tout en mains pour grandir et évoluer, je n'ai pas besoin de l'écriture automatique pour le moment. Je serai prête lorsque je me sentirai stable en moi-même, quand je profiterai de la vie avec joie et bonheur et que l'écriture ne me manquera plus. Ça me semble être tellement lointain… dur dur.*

J'ai une chose pour moi : ma volonté et ma détermination. Volonté de changer et de me connaître réellement telle que je suis, dans mon essence, au plus profond de mon âme. Mais qui suis-je ? C'est justement pour le découvrir que je fais tout ce travail. Je veux faire tout ce qu'il faut pour avancer, apprendre, et évoluer.

Journal - 5 décembre 2012

Je crois que mon plus gros travail concerne le lâcher-prise, la patience, l'acceptation. J'essaie désespérément de laisser la lumière et l'amour rayonner en moi, mais il y a tant de violence, tant de choses en moi que je ne connais même pas qui bloquent l'accès… faire cette profonde introspection me fait découvrir des choses que j'ignorais et qui pourtant ont toujours été là ; c'est comme allumer la lumière dans une pièce qui était restée plongée dans l'obscurité. Apprendre à me connaître, et à m'aimer entièrement. Accepter mes erreurs, parce qu'elles me permettent d'apprendre, de grandir, de me construire.

Je me suis longtemps demandé pourquoi est-ce-que j'étais à ce point insatisfaite de la vie ; aujourd'hui je comprends : je cherchais le bonheur, mais je n'avais pas réellement compris ce qu'il était.

Je pensais que l'argent et les biens matériels me l'apporteraient, mais c'est faux. Je pensais qu'entendre les paroles que j'avais envie d'entendre me rendraient heureuse, mais je me trompais.

Je réalise aujourd'hui que le bonheur auquel j'aspire tant, le Vrai Bonheur, c'est celui qui est en moi, en chaque être humain ; celui qui apporte la paix, la liberté, la force, et donc la joie. Je veux tellement trouver ce bonheur... mais je cours désespérément après, je fais des efforts, et je n'arrive pas à le laisser remonter à la surface, ou seulement très temporairement le temps d'un exercice ou d'une méditation.

Qu'est-ce que je dois faire pour y arriver ? Combien de temps cela va prendre ? Pourquoi est-ce que c'est si dur ? Je sais au fond de moi que j'ai un grand potentiel, mais c'est si dur... je n'arrive même pas à exprimer ce qui est aussi difficile... devenir moi-même ? Pourquoi serait-ce aussi difficile alors que je le souhaite de tout mon cœur ? Je me sens perdue.

Plus j'essaie d'être forte, et plus je prends conscience à quel point je suis faible. Plus j'essaie d'être dans l'acceptation et la tolérance, et plus je vois à quel point je n'y suis pas. Et à chaque fois que j'en prends conscience, c'est comme si je me prenais une gifle... comme si je reculais, alors que je veux tellement avancer !

Est-ce que le fait de le vouloir intensément est suffisant ? Qu'est-ce qui me bloque bon sang ? Je comprends pourquoi je suis tombée aussi facilement dans les filets d'Esprits inférieurs ; je cherchais le bonheur, mais je n'avais pas compris ce qu'il était. Ce qui est dur, c'est d'en être là où j'en suis, sachant que la lumière est tout près, et de ne pas arriver à percer le mur afin de la laisser rayonner en moi. Ça, c'est dur.

Journal - 9 décembre 2012

La première chose que j'ai envie d'écrire c'est : je vais bien ! C'est si agréable de pouvoir écrire ça ! Oui, je vais bien ! J'arrive à voir les choses avec objectivité. À force de chercher en moi les raisons de mon mal-être et les causes de mes préoccupations, j'arrive enfin à retrouver mon équilibre, c'est le mot qui convient. Je demande de l'aide à mes guides et je sens qu'ils sont là, présents, et qu'ils m'aident à avancer dans la bonne direction.

Ça faisait longtemps que je ne m'étais pas sentie aussi équilibrée dans ma tête, dans mon cœur, et surtout dans ma vie. Ça fait du bien, vraiment du bien de sentir qu'on est sur le bon chemin. Il y a trois jours, j'écoutais de la musique calmement, allongée sur mon lit, et j'ai vu dans ma tête un Être de lumière qui tendait les mains vers moi en invitation au dialogue ; j'ai mentalement tendu mes mains vers lui, il les a saisies, puis j'ai entendu dans ma tête :

« Je pense que tu es prête, tu peux recommencer à nous parler. »

Je souhaite ici faire une parenthèse afin d'expliquer à quel point ce phénomène différait avec l'époque où j'étais mystifiée et où je commençais à entendre dans ma tête les Esprits qui m'obsédaient. Quand j'étais subjuguée, (je vois aujourd'hui les choses clairement, mais à l'époque je ne m'apercevais de rien) j'entendais ces Esprits rire, mais en y repensant, ces rires étaient pernicieux… je vivais dans les ombres. Tous ces Esprits qui me mystifiaient n'étaient qu'ombres, énergies négatives et nuisibles. Tandis que ce soir-là, quand j'eus cette vision, alors que j'étais allongée sur mon lit, une immense énergie d'amour rayonnait ; jamais je n'avais ressenti cela.

L'Esprit qui s'adressait à moi m'apparaissait comme un Être de lumière. Le calme, la sérénité et l'amour se dégageaient de cet instant. Ce que j'avais vécu quelques semaines auparavant appartenait au monde des ombres ; ce que je vivais en cet instant appartenait au monde de la Lumière, au monde de l'Amour.

J'ai donc décidé une fois toute la maisonnée endormie de retenter l'écriture automatique. Mon guide spirituel me dit que je prenais un grand risque en continuant, car j'étais encore très fragile. Je répondis que j'étais prête à travailler autant qu'il le faudrait, mais que je voulais vraiment continuer dans cette voie.

Il en est ressorti que j'avais apparemment compris la leçon, et que j'étais prête à commencer mon activité de médium.

Cela me procure beaucoup de joie, car c'est ce que je veux faire. J'ai quelques appréhensions, ce qui me semble normal, mais j'ai toute ma vie pour apprendre. Bien sûr, ce sera difficile, mais il y aura tellement de bonheur à apporter !

C'est ce qui me plaît à ce point : apporter de l'espoir aux personnes qui ont perdu un être cher, les aider à comprendre par la transmission d'un message de leur proche que la mort n'est pas la fin, que la Vie continue dans une autre forme ; que le lien d'amour ne sera jamais rompu, et que le moment venu, nous les retrouverons.

À partir de ce moment, bien qu'à l'époque, je n'avais pas conscience de ce qui était en train de se produire, un véritable apprentissage venait de commencer. Mes guides spirituels m'enseignèrent tout ce que j'avais besoin d'apprendre, et je n'aurais jamais imaginé que devenir médium demanderait autant de travail. Cet apprentissage ne s'est pas seulement effectué par le biais de leurs enseignements, mais aussi et surtout par l'expérience ; et ça n'a pas été facile tous les jours, loin de là.

Voici ce que disait un message de mon guide reçu en EA le 10 décembre 2012 :

« *Tu es bien trop fragile. Écoute Sandrine, justement, tu es là pour apprendre. Tu as tout en mains alors fais le nécessaire. Tu vas devoir apprendre à être forte. Il y a une chose que je peux t'assurer. Si tu fais vraiment, vraiment, vraiment tout ce qui est en ton pouvoir, alors tu y arriveras. C'est très simple de savoir comment agir. Suis toujours l'amour Divin. Fais tout ce que tu peux et tout ira bien, je le sais. Tu as les capacités nécessaires. Tu les as en toi. Écoute. Ta sensibilité est une force. Tu vas apprendre à la transformer, on va t'aider.* »

Apprendre à discerner

Suite à la mystification, j'ai été testée de nombreuses fois, il le fallait. Dans les messages que je recevais, je devais apprendre à reconnaître ce qui probablement provenait de mes guides, de ce qui n'en provenait pas. Tout était mélangé : le vrai, le faux, le rationnel, l'irrationnel, et c'était à moi d'analyser, et de démêler tout ça. Apprendre à prendre ce qui avait de la valeur, et à laisser ce qui n'en avait pas.

Il est très important de comprendre qu'avoir des capacités médiumniques est une chose, mais faut-il encore savoir en faire bon usage, car la médiumnité mal pratiquée peut être destructrice, aussi bien pour le médium que pour la personne qui reçoit un message. Il est primordial de discerner, et de ne surtout pas croire, ni retransmettre aveuglément ce que nous dit un Esprit.

Pour le début de ma formation, savoir discerner était donc la base absolue. Qu'est-ce que dirait, ou ne dirait pas, un bon Esprit ?
Suivre ce conseil que l'on me donne, est-ce une bonne ou une mauvaise chose ? Discerner… cela se passait autant dans mes communications avec les Esprits, que directement dans ma vie. C'est à ce moment-là que j'ai vu à quel point nos deux mondes sont inter-reliés et indissociables, et à quel point le monde spirituel peut agir sur nos vies. Concernant le discernement, j'ai mis plusieurs mois à l'apprendre, et non sans difficultés. On ne s'imagine pas à quel point il est difficile d'apprendre à discerner lorsqu'on communique avec l'invisible.

Nous verrons plus loin dans cet ouvrage les signes qui ne trompent pas, afin d'apprendre à reconnaître quel type d'Esprit se manifeste.

J'ai également appris à ne mettre aucun émotionnel dans mes communications, et ce fut très dur au début, car je ressens un lien d'amour immense avec les Êtres spirituels qui m'entourent : mon frère, ma sœur, mes guides, et j'avais envie de me confier à eux, d'avoir leur avis, d'entendre leurs paroles de réconfort et d'encouragement lorsque je n'avais pas le moral… mais il ne fallait pas. Ils m'ont enseigné à rester plate dans mes communications, à n'y mettre AUCUN émotionnel, à rester dans la guidance pure et simple pour avancer dans ma voie. Un jour ils m'ont dit :

« Écoute Sandrine, tu ne seras JAMAIS CERTAINE de savoir à qui tu parles. Tu as affaire à l'invisible tu entends ? Le discernement. Toujours le discernement. Rien que le discernement. »

Je ne suis pas la seule à avoir été testée par le monde invisible, mais je partais de zéro, tandis que d'autres personnes savent très bien conserver leur sens critique, et c'est ce que le monde invisible attend de nous ! Dans le livre *Au seuil de la vérité*, Georges Morannier, désincarné peu avant ses 29 ans, communique avec sa mère encore sur Terre, et lui dit :

Beaucoup de fantaisistes se présentent encore « au bout du fil » si je puis m'exprimer ainsi. Il n'y a pas que des gens sérieux et cultivés chez nous. Le médium qui ne voit pas, prend la communication sans savoir qu'il a affaire à un plaisantin ou à un farfelu. Le médium doit, avant de s'attaquer à sa tâche, apprendre à développer son sens critique. Il lui faut savoir juger ce qu'il entend, savoir si cela « tient debout » ou n'est que fantaisie. C'est très important. Il faut bien vous dire que notre monde est peuplé de vous tous, finalement. Ce n'est pas parce que l'enveloppe mortelle a disparu que, du jour au lendemain, vous serez tous immaculés ! (...) Il est indispensable de savoir différencier le vrai du faux, le possible de l'impossible. Nous avons voulu développer ton esprit critique, déjà solide de nature, pour que tu saches ne pas t'en laisser conter. Nous t'avons souvent mise à l'épreuve. Ton guide dirigeait les opérations, cela fait partie de son travail ; j'étais là, et je t'ai entendue plus d'une fois lui dire : « il ne faut tout de même pas me faire prendre des vessies pour des lanternes ! » Nous étions au comble de la joie, car c'est ce que nous voulions : que tu gardes la tête solide et le jugement sûr.

Moi, j'avais tout à apprendre. Ils m'ont également dit ceci :
« *Quand on est médium, on doit s'en tenir à l'essentiel ; le hors-piste est beaucoup trop dangereux.* »
Je devais le faire afin que tout se passe bien, et je l'ai fait.

Message de mon guide reçu en EA le 28 décembre 2012 :
« *J'ai une chose à te dire. Tes capacités vont se développer très vite à partir de maintenant. N'aie pas peur.* »

Dans les quelques jours qui suivirent, la clairaudience s'est développée en moi. J'entends les Esprits dans ma tête, très clairement, comme lors d'une discussion avec quelqu'un, mais de façon télépathique. La clairvoyance s'est également développée : je vois ce que les Esprits me montrent, que mes yeux soient ouverts ou fermés ; cela peut être des flashs fixes, des visions animées, ou une personne décédée que je peux alors décrire. C'est une évidence, les commandes se trouvent dans le monde spirituel ; j'en ai eu ici la preuve. Cela signifie qu'il est inutile de vouloir forcer le développement de nos capacités, car c'est le monde spirituel qui les débloque au bon moment pour nous.

Journal - 1er janvier 2013

Ils continuent de me tester, ce n'est pas toujours facile. Il y a encore des fois où je tombe dans le panneau, mais je peux dire que je m'en sors de mieux en mieux. Aujourd'hui, pour ce premier jour de l'année, j'ignore si c'est une coïncidence, mais ce jour fut riche en cadeaux spirituels. Ce matin, en sortant de la douche, j'ai soudain eu la vision d'une allée de cailloux sous mes pieds, avec juste devant moi une flaque d'eau. Au fond de cette flaque, il y avait une chaîne avec un pendentif. J'ai entendu dans ma tête : « ramasse-la ». Dans ma main, je vis qu'il s'agissait d'une croix. Lorsque j'étais enfant, ma grand-mère m'avait offert une chaîne avec une croix, peu avant son départ pour l'autre monde. Elle était toujours restée dans ma boîte à bijoux, je l'avais gardée, mais ne l'avais jamais portée. Ce jour-là, après cette vision, je suis allée chercher la croix de ma grand-mère, et depuis elle ne me quitte plus. Puis j'entendis :

« Sois toujours sincère, agis toujours avec amour, et quelles que soient tes épreuves tu n'auras rien à craindre, car Dieu te protège. »

C'était beau. Je sais qu'aucune épreuve ne me sera épargnée. Je le savais dès le départ et je l'ai accepté. Mais le plus beau de tous les cadeaux, je viens de le vivre à l'instant…

Une rencontre incroyable

Il était presque deux heures du matin, tout le monde à la maison était endormi. Je suis allée me coucher. J'étais allongée les yeux fermés, m'apprêtant à dormir, mais encore tout à fait éveillée. Et, dans un noir d'encre, je vis une silhouette de lumière avancer vers moi. Une silhouette féminine qui me souriait, et qui tendait ses bras vers moi. J'ai immédiatement reconnu ma sœur ... elle était adulte, toute de lumière. Dans ma tête, j'ai prononcé son prénom ; elle m'a fait un grand sourire et a dit : *« oui, c'est moi »*.

Elle m'a serrée dans ses bras et c'est incroyable, mais je pouvais la sentir ! Au niveau du toucher ! J'ignore comment c'est possible, mais c'était réel. Puis, elle s'est écartée, et mon frère est arrivé, adulte aussi, et de lumière également. Il m'a aussi serrée dans ses bras… très fort… une émotion intense, indescriptible.

Puis il s'est écarté, et j'ai vu s'approcher une autre silhouette, un homme, plus âgé je dirai, souriant… j'ai reconnu mon guide. Il me serra également dans ses bras. J'ignore comment je les reconnaissais, c'est une reconnaissance d'âme à âme.

La vision s'est élargie, et je voyais désormais la scène de plus haut. J'ai alors pu voir de nombreuses silhouettes de lumière qui se rapprochaient, formant comme un demi-cercle autour de moi, mon frère, ma sœur, et Richard. Tout se passait dans un amour tel qu'il n'en existe pas ici sur Terre.

La lumière s'est intensifiée, intensifiée, s'est projetée à toute vitesse en moi, puis plus rien. J'ai, en quelque sorte, repris présence dans mon corps, bien que je ne l'ai jamais quitté, mais ma conscience était ailleurs… et c'était tellement réel !

J'ai ouvert les yeux en larmes, et complètement sous le charme de ce qui venait de se produire. C'était incroyable. Puis, en clairaudience, j'entendis : « *C'était ta première rencontre avec le monde spirituel, il y en aura d'autres.* »

J'ai ressenti tellement d'amour… c'était merveilleux. Un cadeau du ciel.

L'ancrage : reconnecter avec sa vie terrestre

Message reçu en EA le 7 janvier 2013 :

« *Quoique tu entendes dans ta tête, cela n'a aucune importance. Fie-toi à toi, à ton cœur, à ta raison. Nous sommes là uniquement pour t'aider. L'évolution implique l'avancement, l'avancement implique les épreuves, et les épreuves déstabilisent. Mais, tu sais que quoi qu'il arrive nous t'aimons. Que quoi qu'il arrive nous te guidons. Tu n'es et tu ne seras jamais, jamais, jamais seule. Nous sommes fiers du chemin que tu as déjà parcouru, et nous serons là pour tout le chemin qu'il te reste encore à parcourir. Garde cette feuille, range-la, et relis-la dans tes moments de doutes.* »

Journal - 7 janvier 2013

En ce moment, je vais très souvent marcher en forêt. Être en harmonie avec la nature m'aide à travailler sur moi-même. Chaque jour, je fais en sorte de maîtriser mes pensées et mes paroles afin d'être toujours dans l'amour, et c'est très dur... vraiment. Dès que je pense, ou que je dis quelque chose qui n'est pas dirigé vers l'amour et la lumière, j'entends dans ma tête sur un ton réprobateur : « SANDRINE... » j'ai l'impression d'être une gamine à la maternelle. Mais, je sais que c'est pour m'aider.

En toute honnêteté, même si avoir quelqu'un qui lit dans mes pensées en permanence n'est pas toujours évident, je suis très, très heureuse, car tout cet apprentissage est fait dans l'amour ; un amour inconditionnel dépourvu de tout jugement. D'ailleurs un jour, ils m'ont dit :

« l'Amour ne juge pas ».

Ils m'enseignent avec une patience infinie... vraiment, on ne connaît pas ça sur Terre. Je me sens guidée, aidée, aimée, et je n'échangerai cette place contre aucune autre.

Message reçu en EA le 8 janvier 2013 :

« Peu importe qu'un Esprit dise qu'il est dans la lumière ou non. Peu importe qui il dit être. La seule chose qui doit être passée au crible et analysée est LE CONTENU de ce qu'il dit. Analyse-le avec ton cœur, avec ta raison, et sois prudente lorsque l'Esprit te dit ce que tu as envie d'entendre ; SURTOUT dans ce cas-là ».

Journal - 19 janvier 2013

Mes guides attendent de moi que je reconnecte avec ma vie physique. Totalement. Pas de lecture sur la spiritualité, pas de forums sur le sujet. Depuis sept mois, c'est vrai que j'ai complètement été happée par la médiumnité. J'étais tellement heureuse d'avoir trouvé ma voie que je voulais que ça aille vite. Je n'avais aucune conscience des dangers, je pensais que c'était facile. Maintenant, je sais que non, et encore, je pense que j'ignore à quel point.

C'est vraiment dur d'arriver à redevenir celle que j'étais avant, dans le sens de vivre ma vie, tout simplement. Cela devrait être si simple, et j'ai tant de difficultés à y arriver ! Je me suis complètement perdue en chemin, j'ai l'impression d'être sur des montagnes russes.

Tantôt, j'ai le sentiment de retrouver mon équilibre, et l'instant d'après, je me sens déprimée sans aucune raison. J'ai envie de passer mon temps sur internet à lire des articles sur la spiritualité, mais je sais que je ne dois pas ; au contraire. Je dois m'éloigner de tout ce qui touche au spirituel, afin d'arriver à reconnecter avec ma vie terrestre. Sauf que je ne sais pas quoi faire d'autre ; rien d'autre ne m'attire, rien d'autre ne m'intéresse. À part me laisser du temps, je ne vois pas ce que je peux faire.

Si jamais vous aussi vous avez des difficultés à reconnecter avec votre vie physique, que ce soit suite à une expérience de mort provisoire, un voyage astral, ou à de nouvelles capacités qui se développent en vous, voici quelques conseils qui pourront vous aider :

Si vous avez des enfants et que vous aimez cuisiner, faites des gâteaux, de la cuisine ; faites leur plaisir et cuisinez ensemble. Videz votre esprit et vivez intensément l'instant présent, profitez de ces moments. Sortez avec eux au parc, emmenez-les aux aires de jeux. Faites ensemble des bricolages, des jeux de société ou toute autre activité en famille que vous aimez. Le but est d'arriver à penser à autre chose. Rapprochez-vous de la nature, cela m'a énormément aidée au début. Promenez-vous en forêt, adossez-vous contre un arbre : communiez avec lui, avec toute la forêt... sentez l'énergie qui s'en dégage. Écoutez le chant des oiseaux, aspirez en vous par tous les pores de votre peau les rayons du soleil, respirez profondément... lorsque vous faites cela, occultez tout le reste. Videz votre esprit.

Au début, lorsqu'un promeneur passait devant moi alors que j'étais dans cet état de méditation, cela me perturbait complètement... j'avais envie de me cacher. Aujourd'hui quand cela m'arrive, je ne bouge pas d'un pouce ; je regarde la personne en lui faisant un grand sourire, et je lui dis : « Bonjour ! »

Peu importe ce que les gens pensent. Vous savez, vous, que ce que vous faites est important, très important. Quand vous marchez, mettez toute votre attention dans la sensation de vos pas sur le sol, ne pensez à rien d'autre, videz votre esprit. Lorsqu'il commence à s'évader et que vous vous surprenez à penser, ramenez-le simplement.

Cet exercice permet de nous habituer à discipliner notre mental. Habituellement, ce sont nos pensées qui nous dirigent, mais j'ai appris qu'il était extrêmement important d'apprendre à les maîtriser. Travailler l'ancrage est primordial afin d'arriver à discipliner notre esprit, et pour cela, il faut concentrer toute notre attention sur l'INSTANT PRÉSENT. Quoique l'on fasse : écouter de la musique, faire le ménage, se promener, travailler, il faut être entièrement à ce que l'on fait. Cela a pour conséquence de supprimer le bavardage mental.

Combien de fois faisons-nous les choses de façon automatique, avec des pensées qui tournent et retournent dans notre tête comme un bruit de fond, encore et encore ? Pour faire taire notre mental, nous devons apprendre à le discipliner, en nous ancrant dans l'instant présent. Lorsque j'entendais des voix sans arrêt dans ma tête, j'arrivais par ce moyen à les faire diminuer progressivement.

Au début, les pensées reviennent sans cesse, c'est tout à fait normal. Mais, à force de persévérance, petit à petit, vous verrez que vous parviendrez de mieux en mieux à établir le calme et le silence dans votre esprit. Prenez l'habitude dès que vous avez des pensées négatives de les repousser, ou à l'inverse, laissez-les vous traverser et s'en aller. C'est d'autant plus important si vous avez tendance à vous inquiéter constamment pour l'avenir, ou à ressasser continuellement des faits ayant eu lieu dans le passé. Il ne faut pas se complaire dans des pensées négatives car dans ces moments-là, c'est notre mental qui nous dirige, et le but est d'apprendre à le contrôler.

Cet entraînement psychique nous apprend à maîtriser nos pensées en vivant dans l'instant présent. Ensuite, il suffit de pratiquer quotidiennement, et de se laisser du temps.

Journal - 3 février 2013

Ça va mieux, j'arrive à vivre ma vie comme avant. Je me sens équilibrée et c'est bien ça la nouveauté. Ce n'est peut-être pas encore parfait, mais quand je repense à ce qu'était ma vie il y a quelques mois, c'est tellement mieux ! Je connais ma voie, alors autant laisser les choses se faire naturellement à leur rythme, parce que de toute façon, forcer ne sert à rien, et d'ailleurs c'est impossible, ce n'est pas ainsi que l'univers fonctionne. C'est fou tout ce qui s'est passé en huit mois... absolument fou.

Lorsqu'on s'éveille à cette réalité du monde spirituel, de la vie éternelle, il n'est pas rare de voir certaines capacités se développer. L'intuition est plus présente, les ressentis sont plus forts, et parfois la claireaudience et la clairvoyance s'ouvrent. Il peut arriver que cette ouverture sur le monde invisible nous déconnecte complètement de notre vie physique. Nous nous retrouvons alors en plein paradoxe, pris entre l'envie de se rapprocher de l'au-delà, et la nécessité de rester ancrés, avec la peur qu'en nous reconnectant entièrement à notre vie terrestre, le lien que nous commencions à peine à établir avec le monde spirituel s'en trouve rompu. Mais ce n'est pas le cas, bien au contraire.

Nous nous sommes incarnés avec un chemin de vie, des objectifs. Aujourd'hui, il faut comprendre que notre vie sur Terre est importante. Vivre notre vie terrestre en étant ancrés, nous permet de vivre pleinement notre spiritualité dans un équilibre parfait. C'est seulement ainsi que les deux peuvent s'épanouir en toute harmonie. Si nos pensées sont trop tournées vers le monde spirituel, un déséquilibre se ressentira forcément dans notre vie d'une manière ou d'une autre.

Cependant, la communication avec le monde spirituel n'est pas le plus important, les signes non plus. Ce qui compte vraiment, c'est de nous rapprocher d'eux dans notre cœur, dans nos paroles, dans nos pensées et dans nos actes au quotidien. Notre vie est une opportunité ; l'opportunité de nous élever en développant par nos efforts et notre volonté les richesses intérieures : l'amour, la charité, la sagesse, la tolérance, le pardon… vivre notre vie en toute conscience, en faisant le bien autant que possible, nous permettra d'accéder aux sphères supérieures, le jour où nous retournerons dans le monde spirituel.

Cela paraît simple à faire lorsqu'on le lit. Cependant, lorsqu'on se trouve en conflit avec quelqu'un, c'est à ce moment-là que nous devons réunir toute notre force de volonté afin de garder notre calme, et appliquer la loi d'Amour.

Les circonstances qui nous placent au cœur de situations délicates, sont en réalité de très belles opportunités : c'est l'occasion d'apprendre à nous maîtriser, à garder le contrôle de nos émotions, à agir avec bienveillance et bonté.

Journal - 9 février 2013

Je suis dans une phase où je dois apprendre à me renforcer, à laisser aller ; ce n'est pas toujours facile. J'entends des voix qui m'insultent très souvent, et je dois simplement les considérer comme du bruit, un bruit de fond auquel il ne faut accorder aucune attention. Qu'il s'agisse de voix ou de visions désagréables, je dois les considérer comme du bruit et des images, et ne pas m'en occuper. Mais certaines fois, c'est très difficile, et je suis alors à la limite de flancher. Je sais que je dois passer au-dessus de ça. Parfois j'y arrive, et d'autres fois beaucoup moins. C'est juste une question de temps, je suis sûre que ça va aller en s'améliorant. Comme le dit Richard :
« Regarde le chemin parcouru et non celui qu'il te reste à parcourir ».

Journal - 16 février 2013

Je suis heureuse. L'autre jour, sur un forum dédié au paranormal, un internaute demandait si quelqu'un pouvait entrer en contact avec son grand-père décédé, et je me suis proposée. Il m'a alors envoyé en message privé le nom et le prénom de son grand-père, ainsi qu'une photo.

Après avoir contacté l'Esprit du défunt, j'ai transmis le message reçu à la personne du forum. La communication avec l'Esprit ayant été coupée durant la transmission du message, je lui ai dit que je tenterai de recontacter son grand-père, si les informations contenues dans la première partie du message lui parlent (noms, prénoms et circonstances). Voici sa réponse :

– Bonjour, en effet, beaucoup de ce que vous m'avez transmis me parle. J'aimerais si vous le voulez bien continuer pour voir ce qu'il voulait me dire ; je vous remercie déjà énormément pour ce message.

Trois jours plus tard, j'entre de nouveau en contact avec l'Esprit du grand-père, et je transmets donc à l'internaute la seconde partie du message. Voici sa réponse :

– Merci beaucoup !!! Ça prend tout son sens ! Merci mille fois !

Je suis tellement heureuse de voir de mes yeux avec une personne qui m'est totalement inconnue, que j'arrive à lui transmettre un message qui peut l'aider ! C'était vraiment une grande joie, cela m'encourage à continuer dans cette voie.

Depuis trois jours, les choses évoluent. J'ai lu le livre « Enquête sur l'existence des anges gardiens », de Pierre Jovanovic. Il aborde les expériences de mort imminente, mais également la sainteté, les stigmates, l'incorruptibilité, l'église, le Christ ; ce livre m'a fait découvrir des faits miraculeux et inexplicables, validés par tant de témoins qu'ils ne peuvent être niés. Il m'a ouvert les yeux sur des faits liés à la spiritualité, alors que jusqu'à maintenant cela ne m'avait jamais intéressée.

Je crois que c'est voulu, que je dois acquérir quelques connaissances sur ce point. Ce qui est certain, c'est qu'en refermant ce livre j'ai pris pleinement conscience de la force de la foi et de la prière, ainsi que des miracles qui peuvent être accordés par la Volonté Divine. Mon guide m'a confirmé que cela était très important, il m'a dit :

« L'Amour est la plus grande force dans l'univers, et la prière est la seconde. »

Je le crois, et je sais aussi que toutes les prières sont entendues. J'ai commencé un autre livre intitulé « L'homme et le médium », qui retrace la vie de Francisco Candido Xavier. J'avais depuis quelque temps déjà l'impression qu'il fallait que je me penche sur la religion, lorsque je lus ceci :

« Il faut d'abord comprendre que le spiritisme recouvre trois domaines qui sont étroitement imbriqués : la science, la philosophie, et la religion. En effet, l'étude scientifique des phénomènes spirites permet de déduire la philosophie spirite, qui elle-même induit des thèmes propres aux religions : Dieu, l'âme, le sens de la vie. »

J'avais ma réponse. Le spiritisme fait partie de ma voie, et il comporte des thèmes religieux. La lecture de ce livre est passionnante. La vie de Chico Xavier est un véritable exemple ; cet homme a traversé tellement d'épreuves, il a tant donné aux autres sans jamais rien demander en retour ! L'humilité et l'amour dont il a fait preuve sont une véritable leçon de vie. Mon guide m'a dit que j'allais être critiquée, montrée du doigt quoi que je fasse, même avec de bonnes intentions, et cela ne me surprend pas ; mais en découvrant la vie de Chico Xavier, je n'ai qu'une envie : suivre son exemple.

Le ressenti

Depuis le début de cette formation avec mes guides, le ressenti intérieur a pris une part très importante dans ma vie. Il fait partie intégrante de moi à tel point que pendant un temps, je m'y fiais *totalement*. Je ne me servais plus de mon discernement, j'écoutais uniquement mon ressenti. Mais la vie s'est chargée de me montrer qu'agir de la sorte revenait exactement au même que de croire aveuglément ce que me disaient les Esprits en EA, sauf que cela se passait sans la feuille.

J'ai donc appris à équilibrer. Aujourd'hui, j'y prête toujours une grande attention, mais j'analyse également la situation avec ma raison, en faisant preuve de discernement. D'où viennent vos ressentis ? Vos intuitions ? Vous êtes-vous déjà posé la question ?
Ils viennent du monde spirituel. Vos ressentis les plus profonds viennent de votre guide ; il communique avec vous par le biais de vos sens psychiques : vos sens spirituels, inhérents à l'Esprit.

C'est pourquoi que je vous encourage, si vous êtes dans le doute face à une situation difficile, d'écouter votre ressenti intérieur, plutôt que de demander conseil à des personnes extérieures, parce que personne n'est à votre place. Personne n'a le même chemin de vie que vous ; vous êtes unique. Votre guide spirituel vous connaît à la perfection, et souhaite ce qu'il y a de mieux pour Vous. Il vous communique toujours la meilleure décision, la meilleure voie, et il vous le dit par le biais de votre intuition, de vos ressentis intérieurs.

Néanmoins, il faut savoir que nous sommes tous entourés d'Esprits plus ou moins bons qui, à notre insu, nous *influencent*. C'est pour cette raison que tout en restant attentifs à nos ressentis intérieurs, nous devons toujours rester vigilants, et faire preuve de discernement, comme pour les messages que nous recevons. Bien que nous n'en ayons pas conscience, nous sommes influencés dans nos pensées, dans nos sentiments, mais également par le biais de certaines circonstances qui surviennent dans notre vie.

Les synchronicités sont des situations qui font *sens* en nous, lorsqu'elles se produisent, mais elles peuvent être le fruit de bons ou de mauvais Esprits, selon que la situation doit être pour nous une aide, ou une épreuve. C'est l'école de la vie. Nous devons analyser ce que nous ressentons, et réfléchir.

Quelles seront les conséquences si je décide d'agir de telle ou telle façon ? D'écouter tel ou tel conseil ? De suivre tel ou tel ressenti ? Seront-elles bonnes ou mauvaises pour moi, et pour les autres ? Ces questions sont essentielles afin de pouvoir discerner, et ainsi prendre la meilleure décision possible.

Au début, ce n'est pas facile d'arriver à capter nos sens subtils, mais plus notre conscience s'éveille, et plus on arrive à les percevoir. En y réfléchissant, c'est logique. Le spiritisme nous apprend que l'homme est un être en trois parties :

– le principe pensant, que l'on nomme habituellement âme, esprit, ou conscience
– le corps physique, enveloppe matérielle et périssable

– le périsprit : corps fluidique de l'Esprit, intermédiaire entre l'âme et le corps physique, invisible à nos yeux dans son état normal.

Au moment du décès, l'Esprit se dépouille de son enveloppe charnelle comme on quitte un vieux vêtement, mais il conserve son corps fluidique : son périsprit.

Dans le monde spirituel, le mode de communication universel est la télépathie. Toutes les personnes ayant vécu une expérience de mort provisoire le disent : ils communiquent avec les êtres qu'ils rencontrent par la pensée. Tous nos sens psi sont inhérents à l'Esprit, mais considérablement diminués durant le temps de notre incarnation, comme étouffés. Néanmoins, lorsqu'on s'éveille à la réalité de ce que Nous Sommes, des Êtres spirituels venus vivre une expérience terrestre, nous laissons alors à notre âme plus de place en nous, et automatiquement nos sens spirituels se développent.

La clairaudience n'est ni plus ni moins que de la télépathie lorsqu'on y pense : c'est un mode de communication par la pensée entre deux Êtres. Simplement, l'un des deux est incarné, tandis que l'autre est désincarné.

Journal - 19 février 2013

Ces derniers jours, je ressens des sensations étranges, comme si mes guides travaillaient sur mon corps subtil. Lorsque je suis au calme, allongée sur mon lit par exemple, j'ai la sensation que mon corps invisible se soulève de mon corps physique, et que les Esprits travaillent dessus. En ce moment, je lis de nombreux ouvrages spirites, j'apprends beaucoup.

Dans la philosophie spirite tout me parle, cela résonne en moi comme une mélodie en accord avec mon cœur. Une chose néanmoins me gêne beaucoup, c'est le fait de ne pas pouvoir exercer comme médium en étant rémunérée. J'ai souvent lu dans les ouvrages spirites, aussi bien dans ceux d'Allan Kardec que dans ceux de Chico Xavier, que mettre sa médiumnité, qui est un don de Dieu, au service des autres en demandant en contrepartie une rémunération, rien que d'y penser répugnait à la pensée. Cela me perturbe beaucoup, parce que je tiens vraiment à être dans le bien. Mon guide m'a alors dit ceci :

« Ce qui prime, toujours, c'est l'intention. Deviens-tu médium pour aider les autres, ou pour gagner de l'argent ? Il y a une différence. Œuvre pour le bien, en t'ouvrant à l'Amour Divin. C'est simple, tu peux être rémunérée pour le temps passé en restant raisonnable. Nous ne réprimons que l'abus. Écoute ton cœur, et tu sentiras. »

Je respecte énormément les ouvrages d'Allan Kardec ainsi que ceux psychographiés par Chico Xavier, mais me fier uniquement à ce qui y est écrit en ne laissant aucune place à ma raison, à mes propres ressentis, reviendrait à de la foi aveugle. J'ai beaucoup réfléchi à la question. Nous vivons dans un monde de matière et nous avons tous besoin de vivre. Les Esprits supérieurs le savent. À mon avis, si l'intention est bonne et sincère, si l'on agit avec amour pour aider les autres, alors je pense que se faire rémunérer pour le temps passé afin de subvenir aux besoins de sa famille n'a rien de condamnable. Ceci est mon opinion. Personnellement, je suis en paix avec moi-même, chacun est libre de penser différemment.

Journal - 22 février 2013

C'est drôle, j'ai l'impression d'être à l'école, sauf que là, je ne répugne pas à apprendre mes leçons parce que cela me passionne, et parce que j'en mesure toute l'importance.

J'ai toujours la sensation que les Esprits travaillent sur mon corps subtil, et il y a également un fait nouveau : ils parlent par ma bouche. Sincèrement, si on m'avait dit qu'un jour des Esprits parleraient à travers moi, j'aurais eu peur. Mais finalement, non. C'est étrange, certes, mais cela n'a rien d'effrayant. Pour le moment, je n'ai qu'une chose à faire : vivre ma vie sans avoir continuellement mes pensées qui s'évadent vers le monde spirituel.

Journal - 24 février 2013

Je fais beaucoup d'efforts afin de garder l'esprit ancré, mais ce n'est vraiment pas évident. Ça devrait l'être pourtant ! Je crois que c'est ça qui me met autant en colère ; il n'y a RIEN, tout va bien, j'ai juste à vivre une vie normale comme tout le monde, et j'ai un mal fou à y arriver ; c'est pénible au plus haut point. Je me bats continuellement, et contre qui ? Contre moi-même ; la belle affaire… mais plus j'avance, plus j'apprends, et plus je vois à quel point ce serait mal venu de me plaindre de mes épreuves. J'ai vraiment beaucoup de chance.

Mes règles d'or

Journal - 26 février 2013

Cette nuit, mon frère m'a parlé. Il m'a donné des enseignements de la plus haute importance à suivre. Qui que ce soit qui me parle, qu'il s'agisse de mon frère, de ma sœur, ou de mon guide, je ne dois jamais leur faire confiance. Ils ne veulent PAS que je leur fasse confiance. Je dois froidement analyser le contenu du message.

Donc, si j'entends : « fais-moi confiance, tu sais que je t'aime » ou « je te donne ma parole de frère que c'est bien moi » : jamais.
Cela doit immédiatement me faire réagir, tout comme ils ne me feront jamais de révélation. Mes guides me guident vers… mais ne révèlent point.

Ici, je dois faire une parenthèse qui me semble indispensable : ci-dessus, on me dit que mes guides ne me révéleront jamais quoi que ce soit ; pourtant, quelques mois auparavant, ils m'ont révélé que transmettre des messages était ma voie, et que mes capacités allaient se développer. Ce qu'il faut en retenir à mon avis, c'est que tout a une raison d'être, et que ce qui était vrai un mois auparavant peut être dépassé et hors d'usage le mois suivant. C'est l'évolution. Ce qui est écrit ici est seulement mon vécu. Vous devrez toujours analyser froidement le contenu des messages que vous recevez en faisant preuve de discernement, en le soumettant à VOTRE raison, en écoutant VOTRE ressenti. C'est primordial afin de se protéger lorsqu'on communique avec l'invisible. Toujours discerner, et communiquer dans un but sérieux, et utile, avec l'intention de faire le bien. Pour le reste, c'est au cas par cas.

Ils me disent que je suis beaucoup trop curieuse… c'est vrai. Je dois faire attention, je sais que ça peut être dangereux, et mener à une mystification. Je dois apprendre.

*Ils m'ont parlé des Êtres de lumière, des anges gardiens ; ils m'ont dit que chaque être humain en avait un en plus de ses guides. Ils m'ont également dit que dans certaines sphères du monde spirituel, il y a des plages, des mondes avec deux soleils, et que c'est bien plus beau que sur la Terre… et ils m'ont dit ceci **juste pour me faire comprendre que c'est exactement le genre d'histoire que me raconteraient les mauvais Esprits pour me mystifier**. Puis, ils m'ont dit :*

« Ne tombe jamais dans des histoires de l'au-delà que tu n'as pas à savoir ».

En effet, la communication avec le monde invisible doit toujours être faite dans un but noble, utile, pour aider les autres, et sûrement pas pour satisfaire notre curiosité. C'est une règle d'OR.

<u>Journal - 9 mars 2013</u>

Tout va merveilleusement bien. Ces dix derniers jours, j'ai passé tout mon temps à essayer de garder l'esprit en bas, mais je n'y arrivai pas ; mes pensées s'évadaient constamment vers des sujets spirituels. Hier matin, j'entendais mon guide me dire :

– Ça va venir, entraîne-toi.

Et je répondais :
– Mais quand ? Combien de temps ça va prendre ?
– Aucune importance. Ça prendra le temps qu'il faudra.

Hier après-midi pendant que je faisais le ménage, il y a eu un déclic : rester ancrée est devenu « facile », et depuis, c'est acquis.

Je suis tellement contente ! Parce que je vois de mes propres yeux que j'avance, et c'est tellement gratifiant ! En fait, je prends conscience que tout le travail que je fais sur moi-même chaque jour pour corriger mes défauts et éclairer mes zones d'ombre afin de devenir une meilleure personne, tous ces efforts et les livres que je lis, contribuent jour après jour à transformer celle que je suis, je le vois, et je suis fière de ça. Depuis des mois, je cherche à découvrir qui je suis en réalité, mais je comprends maintenant que c'est à moi de choisir qui je veux être.

J'ai déjà bien avancé. Il y a un an, je rêvais de richesse matérielle, de réussite ; aujourd'hui, je rêve de me rapprocher de Dieu, d'être meilleure, de faire le bien autour de moi et enfin, d'être digne de la responsabilité qui m'est confiée en tant que médium, et ça fait du bien.

J'aimerais revenir un instant sur cette phrase : « *Être digne de la responsabilité qui m'est confiée en tant que médium* ».

Quand je repense à tout ce que j'ai traversé, et à vous qui commencez à développer des facultés médiumniques, j'aimerais vous dire : vous avez entre vos mains un outil merveilleux, à condition d'apprendre à bien vous en servir. La médiumnité est une immense responsabilité, car en tant que médium, vous êtes l'instrument par lequel parle le monde invisible ; mais dans l'invisible, il y a de tout. La question est donc :

– Quels types d'Esprits vont vous accompagner ?
– De quels Esprits allez-vous être l'interprète ?

Comme médium, tout notre travail se situe à ce niveau : travailler à attirer à nous des Esprits élevés, et c'est notre attitude qui va le déterminer. C'est si agréable de se sentir appréciée, reconnue… et c'est justement là que se situe toute la difficulté. Il est bien plus facile de tomber dans l'égo que de travailler à s'améliorer, développer l'humilité, et toutes les qualités qui attirent les Esprits supérieurs.

Mais c'est tellement important… j'aimerais vraiment, par l'expérience que j'ai vécue et dont je témoigne ici, aider tous ceux et celles qui commencent à développer leurs capacités médiumniques afin qu'ils les utilisent dans un but noble et utile. En appliquant cette maxime : « *Aide-toi, et le ciel t'aidera* », j'ai pu constater l'immense étendue de cette vérité, et vous pourrez la voir, vous aussi.

Je continue donc à suivre mes règles d'Or. Lorsque je reçois des communications du monde invisible, je dois analyser le contenu. Il doit être éminemment utile, toujours tourné vers le bien, en accord avec le bon sens. Mes guides ne me révèleront jamais de faits, qu'ils soient passés, présents ou futurs ; jamais de dates, ni de délais. Ils me guident vers… mais ne révèlent pas.

Ils veulent que je sois toujours prudente, vigilante, et que je ne leur fasse PAS confiance. JAMAIS. Ce sont eux qui me l'ont demandé, et ce, pour me protéger. Continuer à travailler à mon évolution personnelle en faisant des efforts pour corriger mes zones d'ombre, et élever ma morale. Laisser s'accomplir la volonté de Dieu et non la mienne ; en d'autres termes, me laisser aller au courant de la vie. Si je fais ça alors tout ira très bien, c'est certain.

Positive !

<u>Journal - 20 mars 2013</u>

Je suis trop dure envers moi-même, je le sais ! Je sais que je dois être douce, tolérante et patiente. Mais, lorsque que je ne parviens pas à faire quelque chose dans l'instant, je m'énerve, et comme je m'énerve alors que je sais que je ne dois pas, je culpabilise… et finalement, c'est encore pire. Je dois absolument me reprendre, car il est impossible d'avancer en cultivant des pensées négatives. Je sais ce que je dois faire : être douce envers moi-même, accepter mes faiblesses et mes zones d'ombre sans me révolter, sans entrer dans un état d'esprit négatif, et travailler avec toute ma volonté à m'améliorer.

Mais, je suis si sévère envers moi-même !
Pourquoi est-ce que je fais ça ? Je dis toujours que la seule façon d'échouer c'est d'abandonner avant d'avoir réussi, et s'il y a bien une chose qui est hors de question, c'est d'abandonner. Je dois juste arriver à ne pas regarder tout l'escalier et travailler à franchir juste la première marche… oui, il faut que je le fasse.

D'autre part, j'entends de moins en moins Richard, mais c'est normal. Dans un certain sens, c'est bien, parce que ça signifie que j'ai acquis les bases et que je suis en mesure à partir de maintenant d'avancer seule, enfin, je me comprends… <u>sans les entendre</u>. Reprendre ma vie en mains, et avancer. C'est ce qu'ils ont toujours voulu : quoique j'entende, ne me fier qu'à moi, à mon bon sens, à ma raison, à mon cœur. On y est.

Journal - 28 mars 2013

Ces derniers temps, j'entendais des voix de moins en moins, mais puisque j'ai avancé, une autre phase commence : j'entends des voix sans arrêt, sur tout et rien, et je dois faire en sorte de n'y prêter aucune attention. Je dois rester concentrée sur l'instant présent, et garder l'esprit en bas quoi qu'il arrive.

Le fait d'entendre des voix en permanence, et de travailler à rester ancrée dans le présent sans y prêter attention, faisait partie de ce que j'appelle un travail de filtrage. À l'époque, je ne comprenais pas, mais aujourd'hui c'est très clair. Pendant ces années, je pense que j'ai travaillé à ce que mon esprit devienne impénétrable à certaines entités. Durant plusieurs mois, le filtrage s'est fait au niveau des voix que j'entendais dans ma tête, puis lorsque les Esprits s'exprimaient par ma bouche. On pourrait se représenter ce travail de la manière suivante : imaginez une ligne horizontale ; je devais être impénétrable pour tous les Esprits qui sont au-dessous de cette ligne, afin que seuls ceux qui sont au-dessus puissent « passer ». Je travaillais avec toute ma volonté durant la journée, et mes guides m'aidaient durant la nuit. C'est ainsi que, chaque jour, petit à petit, j'avançais.

Ce n'est pas facile de trouver le juste équilibre entre lire beaucoup d'ouvrages sur la spiritualité, et rester totalement ancrée dans sa vie dès qu'on pose le livre. Ce n'est vraiment pas évident, mais ça se travaille. J'y arriverai, comme pour le reste.

D'autre part, je continue d'étudier le spiritisme. Je sais maintenant que pour avancer en tant que médium, les capacités ne suffisent pas ; il est nécessaire d'apprendre, pour comprendre comment fonctionne cette faculté et comment se produisent les phénomènes ; en résumé, connaître les lois qui régissent la communication entre nos deux mondes. Cela demande beaucoup de travail, mais c'est si passionnant que j'apprends avec plaisir, j'adore ça.

Journal - 7 avril 2013

Je commence à sentir des fluides me pénétrer, j'imagine que cela me servira dans l'avenir à reconnaître la nature de l'Esprit qui se manifeste, et j'ai également un nouveau guide spirituel, je ne savais même pas que c'était possible.

J'étais dans la cuisine, et pendant que mon guide me parlait dans ma tête, j'ai senti une différence par rapport à d'habitude ; je ne saurais pas expliquer laquelle, mais il y avait quelque chose de différent ; j'ai alors demandé :

– C'est Richard qui me parle ?

Il y eut un silence, puis j'entendis :

– Non, tu es arrivée à un stade de ton avancement qui nécessite un nouveau guide.

Lorsque je lui ai demandé son nom, il répondit :

– Comment veux-tu m'appeler ? Vas-y choisis.

(cela montre à quel point nos guides spirituels n'accordent aucune importance à ce genre de choses...)

– Et bien ... je n'en sais rien !
– Bien. Xavier. Ça te va ?
– Bon, d'accord.

Mon nouveau guide spirituel s'appelle donc Xavier, cependant, je sais que Richard sera toujours là.

Je continue à bloquer chaque jour les voix que j'entends, et pour y parvenir, je dois rester ancrée, l'esprit fixé dans le présent. C'est assez incroyable parce que je le sens presque physiquement, je sens mon esprit s'envoler, et par un effort de volonté, je le « ramène » en bas. Je pourrais comparer ce ressenti à un ballon gonflé à l'hélium, sur lequel je dois tirer afin de le faire revenir à sa place.

En même temps, je continue à bloquer les pensées négatives qui naissent en moi. J'apprends à ne leur laisser aucune place, et à immédiatement les repousser. Richard m'avait appris que lorsque je me sens mal, dans un état d'esprit négatif, je le freine considérablement dans l'aide qu'il peut m'apporter. Je dois cultiver des pensées positives, et faire en sorte qu'elles prennent de l'ampleur jour après jour, afin d'être autant que possible dans des sentiments positifs, pour mon propre bien.

Hier alors que j'étudiais le spiritisme, complètement passionnée, j'entendis dans ma tête :

– « *Tu seras là où tu dois être, ta voie est désormais tracée. Continue tout ce que tu fais en ce moment, laisse-toi guider et aie la Foi.* »

Que de mystères… m'enfin, on verra bien. L'avenir me le dira.

Voilà quatre mois que je me suis mise à mon compte comme médium, et pas un seul appel. Rien. Mais, je pense que c'est voulu. Je crois vraiment que les commandes se situent dans le monde spirituel, et qu'ils débloquent les situations au meilleur moment pour nous. Ils l'ont déjà prouvé. Ce qui est sûr, c'est qu'après avoir été mystifiée, j'ai mis toute ma volonté à m'améliorer ; je le ferai toujours dorénavant. Par leurs actions, les Esprits qui m'entourent ont montré leur bonté, leur aide, et ont ainsi prouvé leur vraie nature. Ils m'ont appris à discerner, et m'ont aidée à reconnecter avec ma vie terrestre. Tout démontre leur aide, leur soutien, leur amour. J'ai aussi appris quelque chose d'essentiel : Il y aura des moments durs dans ma vie, je le sais, et je comprends qu'un guide spirituel ne nous supprimera jamais une expérience de vie, car ce sont elles qui nous permettent de grandir et de nous dépasser. C'est dans ce but que nous nous sommes incarnés : appliquer la loi d'amour au quotidien dans notre vie, travailler à nous améliorer et évoluer. Je comprends que les choses sont faites pour le mieux pour Nous, en tant qu'Être Spirituel.

Ici sur Terre, notre vision des choses est si étriquée... nous ne comprenons pas nos épreuves. Comment aurions-nous pu choisir de vivre telle ou telle situation qui nous fait tant souffrir ? C'est inconcevable. Cependant, il faut comprendre qu'en tant qu'Esprits incarnés, nous appartenons autant au monde spirituel qu'à la Terre.

Que nous en ayons conscience ou non, nous sommes en interrelation constante avec le monde spirituel. Ils nous guident et placent dans nos vies des circonstances, des rencontres et des évènements, en fonction du parcours de vie que Nous avons choisi ; pas nous en tant qu'être humain, mais Nous, en tant qu'Âme, et cela fait une immense différence, car nos buts actuels peuvent être en total désaccord avec ceux que nous avions choisis avant de nous incarner ; et nous serons toujours guidés, en fonction du chemin de vie que Nous avons choisi ou accepté pour cette incarnation.

Je vous encourage donc, si vous vivez des situations difficiles que vous ne comprenez pas, à prier. Dans vos prières, demandez que l'on vous aide à comprendre ; demandez à être éclairés, apaisés. Demandez de la force afin d'arriver à surmonter vos épreuves, et soyez sûrs qu'une aide vous sera apportée. Recueillez-vous à l'intérieur de vous-mêmes, car c'est là que vous pourrez sentir la présence des êtres invisibles qui vous aiment. Votre guide communique avec vous par le ressenti intérieur. Au fond de vous-mêmes, au cœur du silence, apprenez à l'écouter. Il vous aide à comprendre, et lorsque la compréhension s'ouvre, un sentiment d'acceptation suit, et une forme de paix en découle.

<u>Journal - 1er mai 2013</u>

Par où commencer... Tout se bouscule dans ma tête, tellement ! Mes lectures commencent à devenir très scientifiques. Les fluides, le périsprit, le magnétisme, le somnambulisme, la télépathie, je m'efforce de comprendre, mais pour l'instant cela me semble si compliqué ! Et puis, qui suis-je pour m'intéresser à de tels sujets ? C'est vrai ! Le domaine scientifique... si un jour on m'avait dit que je me pencherais dessus, je ne l'aurai pas cru. Je pensais qu'en tant que médium, j'allais simplement transmettre des messages, mais tout ce que je découvre en ce moment, ça va vraiment plus loin. Où est-ce que ça va me mener ? Qu'est-ce que je vais faire ? Je suis dans le flou total. Tout ce que je peux dire c'est que cela me passionne. Même si c'est dur de devoir apprendre tout un nouveau vocabulaire, entrer dans un nouveau monde, mais la profondeur de tout ce que j'apprends me parle vraiment parce que cela tient au sens de la vie, de notre relation intime avec l'univers.

J'ai tellement hâte de voir comment ma vie va évoluer et où tout cela va me mener. Mon guide me dit d'attendre et d'avoir la foi, que la graine ne donne pas des fruits mûrs en vingt-quatre heures, et que toutes mes questions recevront une réponse le moment venu. Au tout début, lorsque je me renseignais sur l'écriture automatique, j'avais commandé un livre à une auteure québécoise, dans lequel elle avait canalisé un message pour moi. Il disait que je me permettais enfin d'être la porteuse de vie, la messagère de lumière, la facilitatrice des anges. J'avais demandé à mon guide le sens de cette phrase, et il m'avait répondu que je le saurais le moment venu. Aujourd'hui, je crois que je comprends ;

— Porteuse de vie, car je vais aider à éveiller les consciences sur le fait que la mort n'est pas la fin. La vraie Vie est éternelle, la vie continue.

— Messagère de lumière, par les messages qu'il me sera donné de transmettre car ils apporteront, du moins je l'espère, la lumière de la consolation, de l'espérance, et de l'amour.

– Facilitatrice des anges, car il existe un plan Divin. Ce plan sert le progrès de l'humanité : son évolution morale et spirituelle.

Afin qu'une société se transforme, il faut que les individus qui la composent se transforment. Pour que cette transformation se produise, ils doivent prendre conscience du sens de la vie et de la raison pour laquelle nous sommes sur Terre. Les anges travaillent à la réalisation de ce Plan Divin. Je pense que je contribuerai à éclairer les gens sur le sens de la vie et sur son but, en partageant les connaissances qui nous ont été données par le monde spirituel, et que c'est en cela que je « faciliterai » le travail des anges.

Lorsqu'on comprend qui Nous sommes, d'où Nous venons, et que l'on arrive à saisir le sens de la vie et son but, alors la lumière se fait, une prise de conscience naît en nous ; il en découle un sentiment profond de responsabilité, un besoin impérieux d'agir au mieux. Notre cœur s'ouvre à ce qu'il y a de plus important au monde : l'Amour. Nos pensées et nos actes dans notre vie quotidienne s'en trouvent alors naturellement transformés. Nous devenons meilleurs, et progressivement, c'est notre monde qui devient meilleur ; l'humanité devient plus belle. Pour l'instant, depuis le jour où j'ai reçu ce message sans en comprendre le sens, et tout ce que je vis au quotidien, je dois reconnaître que tout se tient. Je vais continuer d'apprendre, et j'ai hâte que la vie m'apporte des réponses.

Quelques heures après avoir écrit mon dernier mot dans ce journal, je lisais un article qui disait que nos pensées et nos intentions pourraient agir sur les circonstances et les évènements qui surviennent dans notre vie.

Je crois personnellement que le spiritisme pourrait contribuer à expliquer certains phénomènes, notamment les synchronicités. Nos pensées et nos intentions sont perçues par les êtres du monde spirituel. En effet, le fluide cosmique universel[2] est le support de transmission de nos pensées, comme l'air est le support de transmission du son. Nos pensées sont donc captées par le monde invisible. Nous sommes guidés dans notre vie ; nos guides peuvent agir pour que nous rencontrions, par exemple, une personne précise à tel endroit, à tel moment, dans telle circonstance. Voilà comment, à mon sens, surviennent certains évènements dans notre vie qui nous apparaissent comme de fabuleuses coïncidences ou synchronicités. En tant qu'Esprits incarnés, nous sommes en relation constante avec le monde invisible par la pensée ; nos deux mondes sont inter-reliés et indissociables.

Les scientifiques cherchent de quelle façon nos pensées et nos intentions peuvent agir sur nos vies, mais pour ma part, je crois que notre esprit n'est pas le seul facteur agissant ; c'est une co-création. Avec tout ce que j'ai vécu, j'ai la certitude que la capacité d'action du monde spirituel sur la Terre est immense.

---

2 Le fluide cosmique universel est un fluide éthéré qui remplit l'espace et pénètre les corps. Il est considéré dans le spiritisme comme étant la substance primitive, génératrice de tous les corps, mais diversifiée dans ses combinaisons.

Détache-toi

Il m'est difficile de vous faire comprendre à quel point je suis attachée au monde spirituel. Mon guide m'a donc dit que pour me protéger, ils devaient prendre de la distance dans nos communications. Ils seront toujours là, mais je dois accepter qu'ici et maintenant, dans ma vie terrestre, je ne dois pas m'attacher à eux. Il est primordial que je me détache du monde invisible pour mon propre bien. C'est ainsi qu'ils le veulent.

Journal - 18 mai 2013

J'ai pris une décision ; je n'en peux plus d'attendre que la vie m'apporte des réponses, alors je prends les choses en mains. J'ai vu qu'il existait des associations d'aide aux personnes en deuil qui organisaient des conférences suivies de séances de médiumnité publiques, j'en ai contacté quelques-unes afin de leur raconter mon parcours, et je suis contente. J'ai parlé avec des gens chaleureux et ouverts ; j'espère tellement que des réponses arriveront... qui sait ? J'ai hâte.

Journal - 15 juin 2013

Je suis un peu déprimée... les mois passent, rien ne se passe. Rien, pas un seul appel. Mon activité de médium est au point zéro. Je travaille sur moi-même, je lis, mais je suis seule chez moi et rien de concret n'arrive dans ma vie. Mon guide me dit :

– « Attends. Laisse-toi guider ».

Mais, combien de temps ça va prendre ? J'ai trois dates de fixées avec des associations afin d'aller témoigner de mon vécu. J'ai dit que je verrai sur le moment si je tentais des contacts médiumniques ; j'espère tellement voir des réponses arriver concrètement…

Aujourd'hui, je suis allée rencontrer les personnes d'une association pas très loin de chez moi, c'était si agréable de pouvoir parler ouvertement de tout ça ! Ils pratiquent la TCI (Trans-communication instrumentale) et avant de partir de chez eux, ils m'ont proposé de faire une expérience : ils ont enregistré avec leur magnétophone durant une dizaine de secondes en demandant à mon guide s'il pouvait se manifester, et à l'écoute de l'enregistrement, j'ai clairement entendu le prénom : Xavier. C'est assez impressionnant, je crois vraiment que je n'ai rien d'autre à faire qu'attendre. J'y crois, je veux y croire. Tout ce travail… tout ce que je vis, et ressens, est bien trop réel, bien trop beau et trop intense pour que cela ne mène à rien.

Journal - 20 juin 2013

Je me sens mal. Par ailleurs, j'ai parlé avec Thierry du fait que tout stagne et qu'il ne se passe rien de concret. Il m'a répondu qu'à son avis, comme ce sont eux qui débloquent les situations, s'il ne se passe rien, c'est qu'ils attendent sans doute quelque chose de ma part. Il pense que je dois pleinement me consacrer à ma vie, à ma famille, et me détacher complètement de l'au-delà. Il a ajouté :

– Imagine si des personnes demandent à venir te consulter en ce moment, alors que tu es encore tellement attachée au monde spirituel,

ça va accaparer ton attention, et ce sera dangereux pour l'équilibre de notre famille.

Il a raison, je sais qu'il a raison. Mais, la vérité, c'est que la volonté de me détacher me manque, je n'en ai pas envie ; et pourtant, si je veux avancer, il le faut. C'est dur. Je sais ce que je dois faire… mais c'est dur. Finalement, il est probable que ces deux mois de vacances avec les enfants seront très profitables. Cela va me permettre de consacrer plus de temps à ma vie de mère de famille, plutôt que comme médium. Je vais pouvoir rétablir l'équilibre dans ma vie, c'est ce dont j'ai besoin.

Journal - 3 juillet 2013

La journée d'hier et celle d'aujourd'hui ont été très dures, c'est le moins qu'on puisse dire. Je n'arrive pas à me détacher. J'ignore pourquoi, mais c'est tellement, tellement difficile… Je me suis endormie en pleurant, je me suis réveillée en pleurant, et j'ai encore pleuré à plusieurs reprises dans la journée. Je suis d'une humeur détestable et je me sens déprimée.

Ce que je ne comprends pas, c'est que je le savais ! Je savais que ce moment arriverait, c'est l'évolution logique des choses, et d'ailleurs, c'est bon signe, ça signifie que j'avance, mais maintenant que j'y suis, c'est bien plus dur que ce que j'imaginais. Comment arriver à vivre une vie normale et équilibrée, faire passer en priorité les tâches quotidiennes, tout en repoussant, en bloquant ces voix que j'entends dans ma tête et auxquelles je ne dois accorder aucune attention ? C'est difficile… néanmoins, je veux vraiment arriver à passer ce cap, parce que je VEUX avancer. Aujourd'hui, j'ai commencé à créer mon blog, j'ai donc passé tout mon temps libre à penser au spiritisme, à la médiumnité, alors que je sais que je dois au contraire m'en détacher, et rester ancrée dans ma vie terrestre. Mais, je me sens tellement bien dans ces moments-là… pfff… c'est dur.

Journal -1er aout 2013

Je ne sais même plus depuis combien de temps je n'ai pas écrit... trois semaines ? Un mois ? Tout ce que je sais, c'est que j'en étais arrivée à un point où je ne pouvais pas faire autrement que faire une pause. La lecture et l'étude occupaient de nouveau une place prédominante dans ma vie, et dès que j'avais un moment de libre, je le consacrais à ça. Après en avoir discuté avec Thierry, il en est ressorti que la seule chose à faire pour le moment, c'est de déconnecter totalement. Ne plus lire quoi que ce soit touchant de près ou de loin la spiritualité et la médiumnité. Retrouver mon équilibre, encore…

Aujourd'hui, il est évident que c'est mieux qu'avant mais ce n'est pas encore ça. Je peine à décrocher complètement, à ne pas me poser de questions sur l'avenir et me laisser aller au courant. À quelqu'un qui me demande ce que je fais dans la vie, je ne sais pas quoi répondre. Qu'est-ce que je fais dans la vie ?...

Pour l'instant, tout ce que je vis, je le vis à l'intérieur de moi, et ça dure depuis des mois… et rien ne se passe. C'est dur. Bref… Je croyais que j'avais réussi à trouver un équilibre, mais de toute évidence, pas encore. Ignorant où j'en suis et ne travaillant plus du tout à la préparation de mon témoignage pour les associations, je me bats contre la peur, et le doute ; est-ce que j'ai bien fait de m'engager à aller témoigner ?

Combien de personnes y aura-t-il ? Comment ça va se passer ? Je crois que dans un sens, j'ai hâte d'y être, parce que au moins, je serai fixée. Soit c'est une réussite, soit c'est un échec, mais je saurai où j'en suis.

Vivement que la vie m'apporte des réponses quelles qu'elles soient pour que, si ce n'est pas là que je dois aller, je puisse enfin reprendre mon avenir en main ; mais vivement que concrètement, je sache me diriger dans la bonne direction.

L'instant présent

Journal - 14 aout 2013

Tout va bien ! J'ai atteint un cap je le sens bien ! Je vis dans le présent et c'est une vraie bénédiction. C'est dur à prendre comme habitude, surtout lorsqu'on a l'habitude inverse : laisser nos pensées s'envoler vers tout et n'importe quoi, tout le temps, ressasser un événement du passé, ou se faire un sang d'encre pour l'avenir ; mais, VIVRE AU PRÉSENT, c'est fabuleux ; je suis heureuse de l'avoir appris. Vivre dans l'instant présent et s'empêcher de penser à quoi que ce soit d'autre, me permet d'être plus sereine. Je ne m'inquiète pas, je n'ai plus peur, parce que je me force à ne pas y penser. De toute manière, repenser à une circonstance passée qui nous a fait du mal, ou se faire du souci pour l'avenir ne sert à rien : c'est complètement improductif, ça nous détruit.

Nous sommes tous amenés à avoir peur, à un moment ou à un autre dans notre vie. Mais si nous nous inquiétons sans cesse au sujet de ce qui pourrait arriver, ou si nous ressassons un événement passé qui nous a fait souffrir alors que dans l'instant présent, tout va bien, nous transformons les bons moments du présent en de mauvais moments, simplement parce que nous ne savons pas discipliner notre esprit, et rester maître de nos pensées. Les peurs ne sont rien d'autre que nos propres créations mentales, nous devons donc apprendre à les maîtriser.

Concernant les conférences, je me suis engagée à aller témoigner et je maintiens. Je sais que si je ne dois pas y aller, la vie se chargera de tout mettre en œuvre pour qu'il en soit ainsi. Je vais simplement me préparer au mieux, et on verra ce qui se passera. Toute expérience est bonne à prendre, même celles qui nous semblent mauvaises, car elles nous permettent d'apprendre. À partir de maintenant, je vis dans le présent ; c'est trop important, un peu comme ma planche de salut. J'en ai vraiment besoin, je le sens bien. Je remercie de tout mon cœur pour cette formation, c'est une bénédiction.

Journal - 20 aout 2013

Tellement de choses à gérer... dans un demi-sommeil, je commence à sentir de plus en plus les fluides me pénétrer, c'est presque palpable ; et il y a la psychophonie, c'est si étrange ! Ils parlent par ma bouche et je n'arrive tout simplement pas à les bloquer, c'est incroyable. À plusieurs reprises, j'ai essayé, j'essaie de toutes mes forces, mais je n'y arrive pas. Quelquefois, je commence à parler, puis je parviens à bloquer, ce qui démontre alors que j'ai l'ascendance morale sur l'Esprit qui se manifeste. Tous les Esprits inférieurs à moi en moralité n'ont pas le dessus sur moi, et je suis donc en mesure de les bloquer ; mais, quand ce sont mes guides ou des Esprits supérieurs, c'est impossible. Je peux vraiment dire que si je ne le vivais pas, j'aurai beaucoup de mal à y croire.

L'ascendance morale, voilà un point capital en matière de communication avec l'invisible. Vous rappelez-vous comment j'ai finalement réalisé que j'étais mystifiée par de mauvais Esprits ? Mon mari a posé sa main sur mon bras, son énergie est passée à travers moi, et comme il était en pleine possession de sa capacité de discernement, cela a eu pour effet de bloquer l'Esprit, qui ne pouvait plus se manifester.

Sur Terre, lorsqu'on se bat, c'est la force physique qui nous permet de l'emporter. Mais, dans le domaine spirituel, tout se passe au niveau de l'esprit : c'est notre force morale qui permet de prendre le dessus, et la grandeur de cette force tient à nos valeurs, aux vertus que nous mettons en pratique dans notre vie, et à notre capacité de discernement. Ce jour-là, lorsque mon mari a mis sa main sur mon bras, son énergie est passée à travers moi. Comme il était plus fort que l'Esprit qui me mystifiait, l'entité ne pouvait plus se manifester. Il avait l'ascendance morale sur cet Esprit, il était plus fort que lui.

Je travaille beaucoup en journée, mais également pendant la nuit. C'est vraiment étonnant : je me couche, et en me levant, je sens que mes acquis sont plus grands que ceux de la veille, et c'est ainsi chaque jour. Je sais avec une absolue certitude que je travaille durant la nuit en tant qu'Esprit. Cependant, je n'en garde aucun souvenir ; je sais juste que je travaille et à mon réveil, je garde une impression de ce que j'ai vécu durant la nuit, c'est fabuleux. Néanmoins, il m'arrive encore d'avoir du mal à complètement occulter les voix que j'entends, et je panique un peu en me demandant : est-ce que ce sont eux ? Ou pas eux ?

Ils m'ont alors dit :

« Du bruit. Tout ce que tu entends, et tout ce que tu vois dans ta tête, considère-le comme du bruit et des images parasites. N'y prête aucune attention.

Prends ce que tu veux prendre, et laisse ce que tu ne veux pas. Fais-le simplement sans te mettre la pression. Vis ta vie en restant dans l'instant présent, laisse venir, et tout ira bien. »

Maîtriser mes pensées

Journal - 19 septembre 2013

Je fais tout mon possible afin de vivre ancrée dans le présent, car je sais que c'est primordial. J'ai pu constater que dès que je m'évade un peu dans mes pensées, je suis comme assaillie par les Esprits inférieurs, j'en ai même des maux de tête... c'est incroyable.

Il y a un point que j'aimerais tenter d'expliquer, car je pense qu'il est d'une importance capitale, même si je sais que beaucoup de personnes auront du mal à y croire... mais je le vis au quotidien. J'ai découvert que j'avais des pensées qui ne venaient pas de moi, et il est impossible de faire la différence entre nos pensées propres, et celles qui nous sont suggérées par un autre Esprit. Est-ce que vous vous rendez compte de ce que cela signifie ? Prenons un exemple : lorsque mes pensées commencent à s'évader, les préoccupations que j'ai au fond de moi remontent à la surface sous forme de pensées qui appuient sur mes peurs et mes doutes, mais multipliées par mille. Il est très difficile de savoir si nos pensées viennent vraiment de nous, ou si un Esprit nous les suggère. C'est pour cela qu'il est très important de rester maître de notre mental, et de *choisir* d'avoir de bonnes pensées, tout en vivant dans l'instant présent. Lorsque vous êtes devant une personne qui s'en prend à vous, vous ne vous laissez pas faire, vous vous défendez ; et bien ici, comprenez que certaines pensées négatives qui vous dépriment et vous font du mal, ne viennent peut-être pas toutes de vous.

Que nous soyons médium ou non, que nous en ayons conscience ou pas, et quelles que soient nos croyances à ce sujet, nous subissons tous l'influence des Esprits qui nous entourent. Ils exercent une influence sur nous, les uns en nous sollicitant au bien, les autres, au mal. Mais, nous avons notre libre arbitre. Nous pouvons puiser en nous-mêmes la force et la volonté nécessaire afin de suivre la voie du bien, en demandant à nos guides de nous aider.

J'apprends donc à maîtriser mon mental en portant toute mon attention sur le moment présent. Si une pensée négative me vient, dès que je m'en aperçois je la bloque, je la repousse parce que je ne VEUX PAS y adhérer. C'est tout un travail, mais cela s'apprend.

Journal - 4 octobre 2013

Il y a quelques jours, j'ai eu ma première consultation, et elle ne s'est pas déroulée comme je l'espérais. Une jeune femme charmante qui venait de faire une heure de route ; elle souhaitait entrer en communication avec son papa. Un Esprit s'est manifesté, mais ce qu'il disait ne lui parlait pas, elle ne pouvait valider aucune des informations données, il était donc inutile d'insister.

Lors d'une consultation, l'Esprit doit donner à la personne des détails, des informations connues d'elle seule, qui lui permettent d'identifier son proche avec certitude. Si jamais ce n'est pas le cas, si les éléments contenus dans le message ne permettent pas au consultant d'identifier son être cher, cela signifie simplement que ce n'est pas lui, et il est alors inutile de continuer.

Évidemment, lorsque cela arrive, le consultant ne me doit rien, et il en est de même lorsque le contact ne s'établit pas.

La jeune femme était très déçue, mais elle a vraiment été gentille et compréhensive envers moi. En tout cas, ce que je peux dire, c'est qu'après cette expérience, je me suis révoltée. Je me sentais en colère, perdue, fatiguée. À quoi ça peut bien servir de travailler si fort à me former, pour ne voir aucun résultat dans la vie !

Pendant ces quelques jours de révolte, je me suis rendu compte qu'après avoir dormi, je me sentais différente ; la colère avait disparu, le calme était revenu, la confiance et la foi en la vie aussi. C'est dans ce genre de situation que je vois qu'il se passe véritablement beaucoup de choses durant le sommeil. Je ne sais pas exactement ce qui se produit dans ces moments, lorsque je vis ma vie d'Esprit au-dehors de mon corps physique, mais assurément, je suis aidée, puisque j'en ressens les conséquences positives dans ma vie par la suite.

Je sais que je n'ai pas fait tous ces efforts pour rien, cela n'aurait aucun sens. Une manipulation ? En allant toujours vers le bien ? J'ai été mystifiée, et je peux dire que le fond n'a absolument rien à voir. Les mauvais Esprits arrivaient à me manipuler par de belles paroles, mais tout m'éloignait de mon mari, et m'incitait à écrire, encore et encore. Là, tout est différent ; ils parlent si peu ! Quoi de plus normal après tout ? Ce sont des guides, ils n'ont pas besoin de parler pour me guider. À certains moments, lorsque le travail devient trop dur, que les larmes montent et que je commence à craquer, je sens soudain « quelque chose » m'envelopper, qui fait qu'en un instant tout va mieux ; c'est presque magique.

Aujourd'hui, avec le recul, je sais que cette sensation était due à l'action de mon guide, aux fluides dont il m'enveloppait. C'est assez incroyable pour moi de vivre cela, de ressentir l'action d'Êtres invisibles, alors qu'il y a seulement quelques mois, je n'avais aucune conscience de tout cela.

Première conférence

Journal - 7 octobre 2013

Hier, c'était ma première conférence. Tout s'est bien passé. Concernant la séance de médiumnité qui suivait, une autre médium était là, et c'est elle qui s'est chargée des contacts. J'ai attendu de voir si je recevais un message à transmettre, auquel cas, je me serais jointe à elle, mais rien. Et mon guide m'a dit :

- « Tout arrivera au bon moment ».

Malgré le fait que je n'ai pas transmis de messages, cette expérience fut vraiment positive pour moi. J'ai réussi à parler en public (il n'y avait qu'une vingtaine de personnes, mais pour une première fois cela me convenait tout à fait !), j'ai fait de belles rencontres, je suis vraiment contente.

Journal - 25 octobre 2013

Les choses avancent. Officieusement certes, mais elles avancent, c'est tout ce qui compte. Au niveau de l'ancrage, c'est de mieux en mieux. Je n'entends presque plus de voix, et quand cela arrive, je reviens très facilement dans l'instant présent. Par ailleurs, j'arrive à reconnaître les influences des Esprits inférieurs sur mes pensées, et j'ai la maîtrise de moi-même pour les bloquer.

Cet après-midi, j'ai eu un appel téléphonique de la jeune femme qui était venue me voir en consultation il y a trois semaines. Je lui avais promis que si l'Esprit venait se manifester spontanément, je la contacterai immédiatement (je travaille toujours ainsi lorsque le contact ne s'établit pas durant une consultation). Elle voulait savoir si j'avais eu des nouvelles de son proche défunt, je ne pouvais rien dire d'autre que la vérité :

« Non... mes guides m'ont dit que cela arriverait au bon moment. Je vous promets de vous tenir au courant. »

C'est désolant d'être face à une personne qui espère tant recevoir un message et d'être complètement impuissante à pouvoir l'aider, mais je ne contrôle rien.

En tant que médium, nous sommes un simple instrument, un intermédiaire entre le monde spirituel et la terre, et si le monde spirituel ne nous envoie rien, et bien nous ne recevons rien ; nous ne pouvons rien forcer.

Journal - 7 novembre 2013

Ces derniers jours, j'ai travaillé à bloquer les Esprits au niveau de la psychophonie. C'était une étape logique suite aux mois passés à bloquer les voix dans ma tête, toujours plus fort et toujours plus haut ; un travail de filtrage. Actuellement, je n'entends pour ainsi dire plus rien (sauf mes guides lorsqu'ils le veulent, eux, je ne peux pas les bloquer), je vis une vie normale. Rien ne se passe en ce moment : pas de consultation, pas de demandes, rien.

La responsable de l'association dans laquelle je dois aller témoigner la semaine prochaine m'a appelée pour faire le point ; vais-je assurer la séance de médiumnité publique ? Parce que je serai seule, il n'y aura pas d'autre médium avec moi. J'ai dit que je sentirai le moment venu, c'est donc du 50/50.

Deuxième conférence

__Journal - 17 novembre 2013__

Ma seconde conférence a eu lieu hier, il y avait une trentaine de personnes. Elles ont posé les photos de leurs êtres chers sur la table, j'ai fait ma prière, j'ai commencé à regarder les photos, et… rien. Je ne recevais rien. Mes guides m'ont mise devant le fait accompli, devant des personnes en attente de réception d'un message, et ne m'ont rien transmis. J'ai été honnête envers toutes ces personnes, je leur ai livré mon ressenti, à savoir qu'ils étaient probablement en train de me tester une fois de plus. Je pense qu'ils voulaient voir quelle serait ma réaction ; allais-je inventer afin de ne pas perdre la face devant tout le monde ? Mon Dieu j'étais si déçue…

Aujourd'hui, je recevais la famille à la maison pour fêter les 16 ans de ma fille, et j'ai vraiment eu beaucoup de difficultés à me détacher de ce qui s'est passé hier. Je suis déprimée… j'ai tellement de questions ! Suis-je réellement à la bonne place ? Parce que pour l'instant rien ne se passe ! Pourquoi ? Est-ce que je fais quelque chose de mal ? Ou est-ce que le bon moment n'est tout simplement pas encore arrivé ? Je me sens vraiment frustrée, et je me demande ce que l'avenir me réserve. Je ne sais plus comment agir ; je ne me vois pas aller témoigner dans des associations en disant que c'est ma voie de transmettre des messages, si lors d'une séance de médiumnité publique je ne peux transmettre aucun message afin d'aider les gens ! Et, pourtant, j'aime tellement ces moments de contact et de partage…

La responsable de l'association m'a dit que je n'avais peut-être pas attendu assez longtemps, que j'aurais dû me laisser un peu plus de temps ; mais je sais très bien que non. Ils ne m'ont rien transmis, et si je ne reçois rien, je ne peux rien transmettre.

Courage... je dois me reprendre. Au fond, je sais que tout est parfait, même si vu les circonstances, je peine à l'accepter. Comment puis-je dire aux gens de faire un effort afin de se concentrer sur ce qu'il y a de positif dans leur vie, si je ne suis même pas capable d'appliquer à moi-même ce conseil ? Je sais que je dois être le changement que je voudrais voir dans le monde, et je sais que tout est parfait dans le plan Divin. Je vais me reprendre.

Troisième conférence

Journal - 4 décembre 2013

Ça y est, le 1er décembre, ma troisième conférence a eu lieu. Durant la séance de médiumnité publique, je suis restée à côté de la médium qui s'occupait des contacts en attendant de voir si je recevais quelque chose, mais encore une fois, rien. J'ai observé la médium, je l'ai écoutée, et j'ai vu à quel point cela la fatiguait, et combien l'émotion la submergeait à certains moments. À ce moment-là, j'ai compris que transmettre des messages devait être bien plus dur et plus complexe que ce que je croyais, et que je n'étais probablement pas prête ; mais je ne l'ai pas accepté.

Le lendemain matin, tandis que j'étais dans le train pour rentrer chez moi, j'étais mal... complètement déprimée et en larmes. J'ai entendu mon guide me dire :

- « Je te préserve. »

Avec un peu de recul, je sais que ma réaction était due au fait que je m'attendais sincèrement à avoir des réponses claires, et à transmettre des messages avant la fin de mes trois conférences. J'y croyais vraiment, et au lieu de ça, rien. Voilà un an que je suis à mon compte, et rien. Trois conférences de faites et me voilà là, chez moi, mère au foyer.

Hier matin, je me sentais encore très (TRÈS !) déprimée. Après avoir emmené les enfants à l'école, je suis rentrée et je me suis couchée.

J'ai fondu en larmes… déprime totale. Non-acceptation. J'ai dormi durant trois heures, et en me réveillant, j'allais… très bien, mais VRAIMENT TRÈS BIEN ! Et mon guide m'a dit :

« Je t'ai aidée, alors aide-moi. Aie des pensées positives. »

Et depuis, ça va mieux. De toute évidence, transmettre des messages comme l'a fait cette médium n'a rien à voir avec la simple écriture automatique que j'ai faite jusqu'à maintenant, de toute évidence…

C'est vrai que j'ai envie, et même très envie, de voir que j'avance dans la vie et non pas qu'à l'intérieur de moi, mais quel sens cela aurait-il si c'est pour que ça se passe mal ? Je veux que tout se déroule bien. Je veux réussir à transmettre des messages de qualité, et que les personnes repartent heureuses, ou du moins, moins malheureuses que lorsqu'elles sont arrivées. Je veux aussi arriver à dissocier complètement mon activité de médium de ma vie personnelle, savoir lâcher prise.

Alors voilà, c'est vrai que si l'on se fie aux apparences, je stagne. Un an que je suis à mon compte, zéro consultation. Trois conférences, zéro message transmis. Mais, je sais que j'avance. Je suis certaine que je suis sur la bonne voie, je n'ai aucun doute. Suis-je impatiente ? Oui. Ai-je de l'incertitude quant à ce qui m'attend ? Oui. Mais, concernant la route que je prends, je n'ai aucun doute. La voie que je suis est tellement belle, il y a tellement de bonheur à semer, tellement d'amour à transmettre, et de consciences à éclairer… j'ai hâte.

À partir de ce moment, j'ai *senti* intérieurement que je ne devais plus contacter les associations d'aide aux personnes en deuil pour aller témoigner. Il m'apparaissait clairement que j'allais devoir travailler à être prête au niveau médiumnique. Ces ressentis intérieurs sont une véritable forme de communication avec mon guide, mais qui se passe de mots. Je *sais*. Je *sens*.

Il y a trois ans, je n'avais aucun de ces ressentis. Aujourd'hui, alors que je m'éveille spirituellement et que je travaille à m'améliorer, mes facultés se développent. Le fait de travailler à notre auto-perfectionnement, en appliquant la loi d'amour et en essayant d'agir au mieux chaque jour, permet un rapprochement intérieur qui facilite la communication avec notre guide.

Écoutons nos ressentis intérieurs, ceux qui nous invitent à aller vers le bien et vers les sages décisions. Les bons choix sont souvent les plus difficiles à prendre, car ils nous demandent des efforts, mais ce sont aussi ceux qui nous procurent du mérite.

Après mes trois conférences, j'ai donc su que je devais travailler à être prête au niveau médiumnique, me laisser du temps, et je n'ai eu nul besoin de communiquer avec mon guide de façon télépathique ou par l'écriture automatique ; je *savais* que cela devait se passer ainsi.

Seule

Journal - 25 décembre 2013

Ce matin en me réveillant, j'avais une musique qui me revenait en boucle dans la tête ; c'était : « Je suis venu te dire que je m'en vais », de Serge Gainsbourg.

J'ai senti, intérieurement, que c'était un message que mon guide m'envoyait pour me faire comprendre que désormais, je ne l'entendrai plus ; je devais avancer seule. À la seconde où j'ai compris que cette chanson était un message de mon guide, ça s'est arrêté. C'était la confirmation que j'avais bien compris.

Journal - 7 février 2014

Ces derniers temps, lorsque je commençais à laisser mes pensées s'évader, je me sentais soudain envahie par un flot de pensées noires, négatives, et je savais en cet instant que c'était dû à l'influence des mauvais Esprits.

Je ressens énormément l'influence psychique que les Esprits exercent sur moi. Cela m'a perturbée durant un temps, car je ne me rendais pas compte qu'il s'agissait de pensées extérieures, et non des miennes. Les Esprits inférieurs saisissent en quelque sorte mes doutes, mes peurs, mes craintes, et me les renvoient avec force... et comme à la base ce sont mes peurs, il ne faut pas longtemps avant que je me sente envahie de pensées et d'émotions négatives.

À l'instant même où j'ai compris que cet envahissement de mauvaises pensées ne venait pas de moi, mais d'une influence extérieure, j'ai eu toute ma force pour les contrer, et l'efficacité fut immédiate. Maintenant, l'expérience fait que j'arrive généralement à reconnaître lorsque je suis sous une influence occulte, mais pour quelqu'un d'autre, ce serait impossible à différencier.

C'est incroyable de voir l'influence que les Esprits peuvent avoir sur nous sans que nous en ayons conscience. Quand ces influences occultes pèsent sur moi, je dois me recentrer sur l'instant présent, et me concentrer sur le positif qu'il y a dans ma vie. Néanmoins, je dois reconnaître que lorsque les difficultés et les soucis se succèdent, me recentrer sur des pensées positives demande beaucoup d'efforts et quelquefois, je n'y arrive pas. C'est justement là que se situe toute la difficulté.

Depuis la nuit dernière, je ressens les fluides de plus en plus en fort. Je les sens arriver, m'envelopper, puis repartir. J'imagine que c'est pour m'apprendre ce que l'on ressent lorsqu'un Esprit mêle son périsprit au nôtre afin de se manifester. C'est très dur de décrire ce que l'on ressent dans ces moments-là, car ça ne ressemble à rien de ce qu'on connaît, il n'y a pas de comparaison ou d'analogie possible. C'est invisible et pourtant, c'est presque palpable ; c'est comme de l'air lourd... une présence qui m'enveloppe, c'est inexplicable.

D'autre part, plusieurs personnes m'ont consultée afin d'entrer en contact avec un proche défunt, mais à chaque fois, la communication ne s'est pas établie. C'est très dur lorsque j'ai en face de moi quelqu'un qui souffre et que rien ne vient ; je sais à quel point c'est important pour eux de recevoir un message… mais je sais pourquoi je vis ces expériences : je dois comprendre et accepter que je ne suis qu'un instrument. Tout ce que je dois faire, c'est agir de mon mieux, faire le bien autant que possible, en toute circonstance.

Journal – 6 mars 2014

Je me sens envahie de sentiments contradictoires. D'un côté, je vois bien que les Esprits qui m'entourent et me forment depuis seize mois m'ont montré de toutes les manières possibles leur présence, leur guidance et leur aide dans le cadre de mon apprentissage. Néanmoins, rien ne se produit concrètement dans ma vie. Intérieurement, la transformation ne saurait être plus réelle, mais comme médium, rien n'arrive. Aucune expérience, ou si peu… et cela remonte à plus d'un an…

De plus, je me sens mal, en colère, les mots me manquent ; c'est comme un gros déséquilibre. Ce qui ne va pas, c'est que ma passion est trop forte. J'ai tellement envie de commencer, et cependant je vois bien que j'en suis incapable ; je commence à peine à sentir les fluides me pénétrer en journée, et je me mets à fondre en larmes tellement c'est fort ! Ça me rend folle parce que je vois bien que je ne suis pas prête à recevoir en consultation, que c'est encore trop tôt, et ça me révolte, parce que je me dis : mais combien de temps est-ce que ça va prendre encore ?! Et, lorsque je me dis ça, c'est encore pire, car j'entends alors les conseils de mon mari dans ma tête :

« Tant que tu ne seras pas totalement détachée de ta voie, ils ne te l'ouvriront pas. Il faut que cela te soit égal, que tu fasses le bien au *quotidien sans que cela ait de l'importance pour toi de transmettre des messages ou non. »*

Mais, les jours comme aujourd'hui, je me dis que si c'est ça que mes guides attendent, ce n'est même pas la peine de continuer, je n'y arriverai jamais ! J'ignore si cela vient de moi ou d'une influence extérieure, je ne sais pas où j'en suis. Je ne sais pas, je ne sais pas, je ne sais pas, je ne sais rien.

L'influence que les Esprits inférieurs avaient sur moi a pesé très lourd dans ma vie pendant plusieurs années. En effet, ils saisissaient mes sentiments de découragement puis appuyaient dessus, encore et encore, et je travaillais à surmonter cet état d'être qui m'était induit. Pour vous donner une image, c'est un peu comme essayer de nager à contre-courant, c'est épuisant. Pendant de longues années j'ai été très souvent frustrée, démoralisée, découragée, parce que je faisais énormément d'efforts, je fournissais un travail immense chaque jour, sans jamais rien voir arriver de concret dans ma vie … et j'avais l'impression que je n'en verrai jamais le bout ; c'était vraiment très difficile à vivre.

Journal - 14 avril 2014

Voilà des mois que je me demande quand je vais enfin pouvoir commencer à transmettre des messages ; eh bien après ce que j'ai vécu ce matin, je crois que je ne suis pas près de commencer. J'accompagnais mes enfants à l'école sous un grand ciel bleu lorsque soudainement, ma vision a commencé à se brouiller, un peu comme quand on est sur le point de faire un malaise, sauf que je me sentais parfaitement bien.

J'ai commencé à perdre l'équilibre, mes jambes ont flanché, puis tout est redevenu normal. J'ai alors entendu mon guide me dire :

– « Encore … »

Ce qui signifie qu'il y a encore pas mal de travail… pfff… c'est long ! D'autre part, les fluides ont depuis quelques jours un effet sur moi qu'il m'est impossible de décrire avec des mots… c'est dur à supporter. Ça me met les nerfs à vif et me fait trembler physiquement, des sensations que je ressens dans ma chair. Hier, pendant que cela se produisait justement, je me suis mise à penser que c'était vraiment dur à supporter, et j'ai entendu mon guide me dire :

- « Tiens donc … »

Je crois vraiment que je n'ai rien d'autre à faire que de laisser le temps au temps.

Journal - 25 mai 2014

Depuis deux jours, je n'arrive pas à savoir exactement ce qui se passe ; tout mon état change. D'un instant à l'autre, je peux être en pleine forme, joyeuse, jouer avec mes enfants, et l'instant d'après, j'ai les nerfs à vif, je tremble physiquement, je me sens agressive, et j'ai d'immenses difficultés à regagner mon calme… j'ignore ce qui me fait ça.

Avec le recul je comprends pourquoi je ressentais ces brusques changements d'humeur : j'absorbais, en quelque sorte, l'agressivité et la négativité des Esprits inférieurs qui m'entouraient.

Même si je ne les voyais et ne les entendais plus, ils avaient malgré tout un effet très fort sur moi ; j'étais comme une éponge. Leurs influences me transformaient, tout mon état s'en trouvait changé, et j'ignorais encore, à cette époque, à quel point ces influences allaient peser lourd dans les années à venir.

J'ai aussi l'impression que mon corps est perméable, je sens comme des courants d'air froids me traverser alors que je suis dans une pièce fermée. Tous ces ressentis sont nouveaux, cela ne m'arrivait jamais auparavant.

Journal - 3 juin 2014

Voilà deux ans que je travaille dans un seul but : pouvoir commencer à transmettre des messages. Mais aujourd'hui, je vois les choses différemment. Peut-être ne vais-je pas exercer en tant que médium comme je le pensais, et que c'est une épreuve de vie : trouver une vocation, et ne pas pouvoir m'y adonner à plein temps. Après tout, même si c'était le cas, qu'est-ce qui se passerait ? Je reprendrai mon activité d'assistante maternelle, Thierry et moi irions probablement vivre au bord de la mer comme nous l'avons toujours souhaité, une belle vie.

En tout cas, quoi qu'il en soit, je pense que j'aurai ma réponse dans les trois mois. De toute façon, si ce n'est pas le cas, je reprendrai mon travail d'assistante maternelle ; je ne vais pas attendre éternellement quelque chose qui n'arrivera peut-être jamais. Tout ce que j'ai vécu, je ne l'ai pas vécu pour rien ; je continuerai d'aimer, de penser et d'agir de mon mieux, puisque de toute manière le reste ne dépend pas de moi.

Journal - 24 juin 2014

Que dire ? Depuis trois jours, rien ne va plus. Des voix sans arrêt dans ma tête, toutes mes pensées accaparées par la médiumnité, gros sentiment... (sentiment... à l'instant où j'écris ce mot, ça y est ! Je comprends ! Il y a quelques semaines, j'ai lu un texte dans lequel un Esprit inférieur expliquait que pour arriver à leur fin, ils agissent en douce, insidieusement, en s'immisçant dans nos sentiments. C'est ça ! Ce sentiment de révolte et de colère qui me consumait littéralement ! Il n'y avait pas que moi, comme pour les pensées).

Ça y est je comprends. Voilà ma prochaine étape : me renforcer dans le contrôle de moi-même, garder mon calme. C'est très difficile. C'est vraiment très dur de surmonter cet état d'être induit par les influences occultes.

J'aimerais en dire un peu plus sur la façon dont les Esprits inférieurs s'y prennent pour arriver à leur fin en s'immisçant dans nos sentiments ; ils font naître en nous de mauvaises pensées qui créeront des tensions, des irritations de toutes sortes, et probablement mèneront à un conflit. Afin de vous aider à comprendre comment ils agissent, je partage avec vous cet extrait du livre "Chroniques d'un centre spirite", psychographié par le médium Emanuel Cristiano, dans lequel un Esprit inférieur s'exprime ainsi :

« Nous agirons en douce, c'est à dire silencieusement et de façon occulte, dans le domaine des sentiments. Nous suggérerons des pensées. Nous stimulerons des irritations, des jalousies, des commérages, des indignations, des susceptibilités, des luttes de

pouvoir, de fonctions, de tâches, etc. Nous avons là un vaste champ d'action sur les infériorités humaines. Les Esprits les plus élevés expliquent toujours qu'ils tirent le bien du mal, et que notre venue est autorisée parce qu'elle servira de test. Cela s'explique par le fait que les bons Esprits misent sur le succès de leurs protégés face à l'épreuve. Nous, au contraire, nous misons sur leur échec.

Nous devons exploiter le moment présent, car les difficultés économiques, sociales et politiques du Pays jouent en notre faveur. Accaparés par leurs problèmes matériels, beaucoup oublient d'être vigilants. Ils cultivent le pessimisme, l'irritation, les jurons, etc. Ainsi, ils entrent naturellement dans notre zone vibratoire, ce qui nous permet de les influencer. Dans la majorité des cas, ils oublient même de prier ! Ils se privent ainsi du meilleur moyen de nous écarter, et nous aident à parvenir à nos fins. »

Je sais que c'est difficile à croire… et pourtant ! Je peux certifier que c'est vrai. Je le vis. Vous ne pouvez pas imaginer à quel point l'influence que les Esprits ont sur nous est réelle. Et même si on sait que cela existe, on ne le remarque pas forcément. Il faut vraiment être très attentif pour s'en apercevoir. Par exemple, une personne peut s'en prendre à nous, poussée par l'influence spirituelle de mauvais Esprits qui auront pour but de **nous** atteindre. C'est simple pour eux, car la majorité des personnes n'ont pas le réflexe de résister aux mauvaises pensées et aux mauvais sentiments qui les envahissent. Elles ne réalisent pas l'importance de rester maître d'elles-mêmes en cultivant le calme. C'est si facile de céder à la critique, au jugement… mais à partir du moment où nous avons conscience de ces influences et de leur pouvoir d'action, nous pouvons en toute conscience être vigilants, et choisir de quelle façon nous allons réagir.

Voici ce qu'il faut retenir : **Si** nous nous laissons aller à de mauvaises pensées, à un état inférieur, nous entrons dans la zone vibratoire des mauvais Esprits, et leur laissons ainsi le champ libre pour nous atteindre et mettre en pratique leurs plans obscurs. Nous devons donc faire tout notre possible pour ne PAS entrer dans leur zone vibratoire.

Journal - 9 août 2014

Hier dans la journée je me sentais irritable ; je n'étais pas à proprement parler en colère mais je m'énervais facilement, j'étais dans un état d'être inférieur, envie de ne rien faire. Je suis donc sortie me promener en forêt. J'étais contre un arbre, essayant de remonter mes vibrations et de me sentir mieux. Cependant, pendant que je priais, j'entendais des voix dans ma tête qui m'insultaient et se moquaient de moi, ce qui rend la prière et la méditation très difficiles...

À trois ou quatre reprises je me suis effondrée en larmes. À chaque fois, je me suis reprise en m'ordonnant d'être plus forte, et ça a commencé à aller de mieux en mieux. Je me suis clairement sentie m'élever au niveau vibratoire et ce qui est fou, c'est que dans le même temps, ces voix que j'entendais dans ma tête disparaissaient. J'ai continué à méditer et à prier et je me sentais bien, j'étais métamorphosée, je n'entendais plus rien. Voilà très exactement la preuve de l'importance de notre niveau vibratoire, l'expérience me l'a montré.

Maintenant, toute la difficulté est justement de réussir à me maintenir au quotidien dans un état vibratoire élevé. Cependant, je vois bien que lorsque je reste concentrée sur l'instant présent et que je vide mon mental, en cet instant rien ne passe. Ainsi pour que tout se passe bien, je dois travailler à être vigilante face à mes sentiments, essayer de surmonter l'irritation et la colère lorsqu'elles se présentent, et rester calme.

Journal - 23 septembre 2014

Ce mois-ci, j'avais plusieurs consultations de prévues, mais à chaque fois, le contact ne s'est pas établi. C'est si dur pour moi dans ces moments-là d'être face à la déception des gens. C'est tellement important pour eux de recevoir un message… mais que puis-je faire d'autre que d'être honnête ? Rien.

Hier j'ai reçu un coup de téléphone auquel je ne m'attendais pas, et qui m'a fait un bien immense. Une des personnes qui m'avait consultée cette semaine m'a appelée simplement pour me dire « merci ».
Je lui ai demandé : « mais merci pour quoi ? »

- « Merci d'avoir eu l'honnêteté de me dire que mon être cher n'était pas là, car même si sur le coup j'étais déçue, je préfère tellement ça ! Il y a des personnes qui n'auraient pas hésité à inventer, alors je voulais juste vous dire merci. »

Je ne pense pas que cette dame ait su à ce moment-là, à quel point son appel m'a fait du bien. Malgré le fait que l'expérience n'a toujours pas commencé, je me sens bien ; je sais que les choses sont faites pour le mieux.

Si je me sentais stagner, je m'inquièterais évidemment, mais j'avance tellement… chaque jour, j'avance, même si je suis la seule à le voir.

En octobre 2014 Thierry a convenu avec son employeur une rupture conventionnelle. Comme nous n'avions plus ni lui ni moi d'emploi nous obligeant à rester sur Orléans, notre souhait de déménager près de la mer devenait alors possible. Notre vie allait donc prendre une nouvelle direction.

Journal - 8 février 2015

Puisque pendant deux années consécutives je n'ai effectué aucun chiffre d'affaires, j'ai donc dû mettre fin à mon statut d'autoentrepreneur. Je pensais que j'aurais énormément de mal à l'accepter et finalement, (j'ai sûrement dû être aidée par mes guides durant la nuit, et pas qu'un peu …) je l'ai vécu en toute sérénité. J'ai la certitude que tout est bien, que tout est parfait. Je dois encore travailler à être prête et je l'accepte.

Journal - 29 mars 2015

C'est long. J'ai l'impression de dire toujours la même chose…
« j'y suis presque ». Et pourtant j'avance, mais cet avancement se fait sur des niveaux qui me semblent infinis. Chaque jour j'ai l'impression d'y être, j'avance tellement chaque jour ! Et le lendemain je découvre un autre niveau, puis le surlendemain, encore un autre, puis un autre… c'est vraiment démoralisant de ne pas savoir où j'en suis, d'être dans le flou total, de travailler autant et de ne rien voir arriver de concret dans ma vie.

Du concret... quand est-ce que j'aurais enfin le bonheur de voir les fruits de tout ce travail ?

Cette nuit je me suis réveillée complètement vidée, démoralisée, épuisée. J'étais enveloppée de fluides et vu l'état dans lequel je me trouve dans ces moments-là, il m'est impossible de me rendormir ; je me sens comme si j'étais « électrique », « sous tension ». À un moment donné, j'ai senti ces fluides s'en aller, et j'ai enfin pu replonger dans le sommeil. Par la suite, j'ai fait un rêve qui reflète vraiment bien ce phénomène : j'étais chez le médecin, reliée à un appareil qui mesurait les fluides qui m'enveloppaient, et ça apparaissait sur un papier, comme un monitoring qui mesure les contractions lorsqu'on est sur le point d'accoucher. Je sentais les fluides qui m'enveloppaient être de plus en plus forts, et simultanément sur le papier la vague montait ; puis ils diminuaient et la vague baissait, et lorsqu'elle était plate, ce qui signifiait qu'il n'y avait plus de fluides qui m'enveloppaient, à ce moment-là, je me sentais moi-même, calme, paisible. C'est vraiment ce que je ressens au quotidien, et quand je vois dans quel état ça me mettait cette nuit, ça me démoralise... parce que je vois bien que je suis loin d'arriver à les supporter, et même si bien sûr je veux continuer dans cette voie, franchement ça devient long...

En août 2015 de grands changements ont eu lieu dans notre vie, et tout s'est fait très rapidement. Nous avions mis notre maison en vente dans le but d'aller vivre en Vendée, c'était un projet de longue date. Début août, un couple est venu visiter la maison, et ce fut le coup de cœur. Ils souhaitaient pouvoir emménager trois semaines plus tard, et nous avons dit oui. En moins de trois semaines et en pleine période de vacances d'été, nous avons réussi à tout organiser, et nous sommes partis en Vendée. Si on m'avait dit que cela se passerait ainsi, je ne l'aurais pas cru. J'aurais dit que c'était impossible, notamment à cause des délais impératifs à respecter avec le notaire. Mais, la vie nous a montré au fil des années que les choses ne se déroulent jamais comme on l'imagine. Le moment était venu pour nous de déménager, et toutes les barrières se sont levées.

Journal - 20 aout 2016

Déjà un an de passé depuis notre déménagement. Dans dix jours nous serons en septembre, la limite que je m'étais fixée. Je n'ai plus le choix, la vie a ses impératifs, et j'ai besoin d'un salaire : je dois reprendre mon travail d'assistante maternelle. C'est dur … J'aimerais dire que je l'accepte, parce que si les choses se passent ainsi, c'est que c'est ce qu'il y a de mieux pour moi, mais en réalité, je ne l'accepte pas ; je suis en pleine révolte intérieure. J'ai mis tout mon cœur et toute mon âme dans ce projet de pouvoir exercer comme médium, et je ne peux pas.

Comme à chaque fois lorsque je me révoltais, j'ai été aidée par le monde spirituel. Énormément.

Journal - 11 octobre 2016

Il y a quelques semaines, j'ai écrit un passage dans mon journal que je viens de relire : « La médiumnité est pour moi un outil de progrès afin de m'élever. On s'élève en luttant contre le personnalisme, l'égo, l'orgueil, en développant l'amour, l'humilité, et le service d'aide à son prochain. »

Cela me fait réfléchir. En définitive, pourquoi est-ce que je veux tellement exercer comme médium ?

- Parce que j'en ai envie ; je suis tellement passionnée que je ne veux faire que ça. Mais est-ce bon ? Par quoi est-ce dicté ? Par mon désir d'aider les autres ? Par altruisme ? Non, pas seulement. C'est dicté par mon envie personnelle, et ce n'est pas bon.

C'est à cet instant que j'ai compris que je devais lutter contre le personnalisme, m'élever au-dessus de mes désirs personnels. Je n'avais encore jamais vu la situation aussi clairement, mais aujourd'hui c'est limpide : je dois arriver à vouloir me détacher de la médiumnité.

Je ressens dans mon cœur une immense gratitude. Tout m'a été donné pour réussir à rester sur le droit chemin. Ils avaient la sagesse que moi, je n'avais pas. Ils m'ont préservée, protégée, jusqu'à ce que j'arrive à désirer, par moi-même, ce que je dois faire pour mon propre bien.

Qu'est-ce que je veux faire ? Qui est-ce que je veux être ?
Je veux me sentir utile, apporter mon aide aux autres. Être une personne simple, chaleureuse, à l'écoute des personnes qui souffrent ; un cœur ouvert, une oreille attentive. Voilà ce que je veux faire, et voilà qui je veux être. Je réalise aujourd'hui que la médiumnité n'a rien à voir là-dedans. En fait, je mélangeais un peu tout. J'étais totalement axée sur la médiumnité, mais finalement, je me rends compte que c'est une simple faculté qui permet d'apporter l'aide dont certaines personnes ont besoin ; une faculté qui vient en appui pour consoler, aider, réconforter les gens qui souffrent. Je comprends désormais que le plus important, mon travail, c'est d'apporter le

meilleur de moi-même quelles que soient les circonstances. Concernant la médiumnité, je me dis que les choses sont vraiment bien faites. Cela m'a pris plus de quatre ans, juste pour acquérir des connaissances spirites théoriques, alors je vais forcément avoir besoin de temps pour mettre en pratique tout ce que j'ai appris, tant au niveau du discernement dans les communications, que dans la maîtrise de moi-même et le maintien d'une bonne attitude au quotidien.

Depuis le début, il n'a jamais été question de capacités ; je les ai en moi. Il s'agit donc de travailler sur moi-même, apprendre à être humble, développer les qualités intérieures : tolérance, calme, maîtrise de soi, amour du prochain. Si j'ai déjà bien avancé, j'ai encore beaucoup à faire, beaucoup de travail à fournir. Si ma voie est d'être médium, le seul et unique but de cela est de faire le bien autour de moi, d'aider les gens, et ça je peux le faire en travaillant. Je réalise que cet état d'acceptation auquel je suis arrivée, et toute cette prise de conscience, était probablement le but de ces quatre années d'apprentissage. Me détacher de la médiumnité et me concentrer sur l'essentiel : Aimer. Donner le meilleur de moi-même pour pouvoir aider : une écoute attentive, un sourire, une parole bienveillante, tout simplement.

Même si bien entendu, je voulais pratiquer la médiumnité pour aider les gens, je dois reconnaître que je n'attendais que ça de pouvoir exercer comme médium ; j'étais tellement passionnée… Dans ma tête, la médiumnité était toujours omniprésente, et tant qu'il en était ainsi, cela signifiait que je n'étais pas encore prête, que les choses n'étaient pas telles qu'elles devaient être afin que tout se passe bien. Je devais être véritablement détachée émotionnellement vis-à-vis de la médiumnité.

Je sens dans mon cœur la situation se transformer jour après jour. Je comprends où se trouve l'essentiel. La faculté médiumnique n'est là qu'en support pour servir lorsque quelqu'un en a besoin. Je n'ai pas à m'en préoccuper ; simplement à rester disponible. Désormais, je sais que je dois me concentrer sur la discipline dont je dois faire preuve dans ma vie, sur les efforts à fournir au quotidien dans mon attitude. Je dois apprendre à mettre de l'amour dans mes pensées, mes paroles et mes actes. J'ai beaucoup de points sur lesquels je dois être attentive et travailler, mais la médiumnité n'en fait pas partie. Je n'ai rien à faire, juste à laisser faire ; je le comprends aujourd'hui.

Les demandes de consultations étaient de plus en plus nombreuses, et je n'en pouvais plus de sentir la déception des gens qui espéraient tant recevoir un message. C'était trop dur, j'ai donc décidé d'arrêter. C'était évident que le monde spirituel bloquait mes facultés ; sûrement parce que je n'étais pas encore prête. Il était donc inutile d'insister, et cette étape fut une grosse désillusion de plus à surmonter. Par la suite, j'ai vécu des situations émotionnelles intérieures très complexes que je ne comprenais pas. C'est avec le recul que tout s'est éclairci. Je pensais être arrivée à un certain niveau d'acceptation, mais dans les mois qui ont suivi, j'ai vécu des moments de révolte extrêmes. Voici quelques extraits de mon journal qui vous aideront à comprendre ce que je vivais.

Journal - 5 novembre 2016

Je viens de traverser deux jours de crise de révolte intense. C'est tellement étrange ! Moi qui me sentais prête à accueillir un deuxième enfant, soudainement, je me révolte totalement.

Désillusion, tristesse, envie par rapport aux désirs que je nourrissais de pouvoir exercer comme médium, sentiment d'injustice, bref, révolte totale. Je me sentais vraiment malheureuse, en colère, dégoûtée… j'ai beaucoup pleuré. Mais ce qui est encore plus étrange ce soir, c'est que toute cette révolte qui a été si intense, je n'arrive même plus à la ressentir… et pour moi c'est incompréhensible. Alors je me pose vraiment la question :

« Ces sentiments que j'ai ressentis si intensément ces deux derniers jours venaient-ils de moi ou pas ? »

Et la réponse est : je n'en ai pas la moindre idée.

Cette période fut véritablement très compliquée pour moi, parce que je n'arrivais tout simplement pas à savoir où je me situais dans ces états ; moi, Sandrine. C'est extrêmement perturbant.

Journal - 10 février 2017

Je travaille jour après jour à être calme, douce, humble dans ma vie, mais lorsque des influences inférieures pèsent sur moi, tout se complique. C'est si difficile de résister à ces influences, j'en suis quelquefois littéralement imprégnée, et c'est un poids ÉNORME. Je sais que je suis sous influence et que je dois travailler à les surmonter, à ne pas entrer en syntonie avec les mauvais sentiments qui m'habitent en cet instant, mais c'est très dur. Si je veux me changer les idées, je me retrouve bloquée : les livres et articles que j'aime lire d'habitude, je n'ai pas la moindre envie d'en lire. Regarder des films et documentaires qui m'intéressent habituellement, pas la moindre envie d'en regarder.

En fait, pas la moindre envie de faire quoi que ce soit, sauf céder à la déprime et aux mauvais sentiments qui m'habitent, mais je sais que je ne dois pas. Alors, je me bats intérieurement en ne sachant pas quoi faire d'autre. Je me retrouve face à ces pensées et ces sentiments qui appuient là où ça fait mal et me mettent les larmes aux yeux, je les vois, je les ressens, mais je refuse d'y adhérer… et je n'arrive pas à faire autre chose.

Ces deux passages de mon journal démontrent comment la situation a évoluée au fil du temps : en novembre 2016, même si je me posais la question, j'ignorais si j'étais sous influence ou pas.

Trois mois plus tard, je savais que j'étais sous influence, mais je n'arrivais pas à y faire face ; j'étais bloquée.

Je travaille encore aujourd'hui à surmonter ces influences, à dépasser ces états d'être qui m'habitent et me transforment, mais qui ne viennent pas de moi. Pour cela, je dois *choisir* mes pensées, avoir la *volonté* de me détourner des pensées et des sentiments négatifs qui me font basculer dans un état d'être inférieur, et me concentrer sur ce qu'il y a de positif dans ma vie. Je dois être vigilante afin de ne pas me laisser entraîner vers un état de déprime, de tristesse, de colère, engendré par les pensées et les sentiments qui m'envahissent…

J'ignore si je travaillerai toute ma vie en tant qu'assistante maternelle en transmettant des messages sur mon temps libre, ou si j'exercerai un jour à temps plein comme médium. Tout ce dont je suis sûre, c'est que je vais aider des gens, et c'est le plus important. Je sais que les Esprits qui m'accompagnent sont bien au-dessus de la matière et des désirs personnels. Ils agissent et me guident dans un but de progrès, d'élévation, de bien général, et c'est ce que je veux.

Durant l'été 2017, j'ai découvert que j'avais des soucis de santé et que j'allais devoir me faire opérer. Rien de bien grave, trois semaines d'arrêt et tout serait réglé. Mais, la vie ne se passe jamais comme on l'avait imaginé.

En quelques jours, mes contrats de travail se sont terminés alors que ce n'était absolument pas prévu, et la vie m'a démontré une nouvelle fois que tout avait été fait pour le mieux. En effet, ma situation médicale s'est révélée bien plus complexe qu'on ne le pensait ; j'ai dû subir trois interventions chirurgicales, et je n'aurais donc pas pu travailler durant plusieurs mois.

Détachement

Journal - 23 mai 2018

Tout est différent, je ne me suis jamais sentie comme je me sens aujourd'hui : détachée. Je me sens totalement détachée émotionnellement vis-à-vis de la médiumnité. Je ne sais même pas comment c'est arrivé, parce que je pensais que ce jour n'arriverait jamais, que c'était impossible. Pourtant, c'est le cas, et je crois que c'est dû à un immense ras-le-bol de ne rien voir arriver de concret dans ma vie, de vivre après chaque espoir une désillusion, encore et toujours des désillusions. Depuis des années, Thierry et moi vivons seulement les côtés négatifs de la médiumnité ; jour après jour, ce poids à supporter, toutes ces mauvaises influences qui nous gâchent l'existence, et surtout, avoir notre vie en suspens et ne pas pouvoir avancer. Bientôt six ans que je travaille de toutes mes forces et que j'attends de pouvoir transmettre des messages, et rien n'arrive ; absolument rien.

Je n'en peux plus. J'étouffe à force de rester dans cet « entre-deux », dans cette stagnation qui n'en finit pas. J'ai besoin de sortir, de voir du monde et d'avoir une vie sociale ; j'ai besoin de reprendre ma vie en main. Je n'attends plus rien de la médiumnité. J'en suis arrivée au point où je n'ai qu'une envie, c'est que ça s'arrête.

Je repense à une phrase que j'avais dit un jour, au tout début, lorsque Thierry me disait que ce que le monde spirituel attendait de moi, c'était probablement que je me détache totalement de la médiumnité ; je lui avais répondu que le seul moyen qui pourrait faire que je me détache totalement, c'est de me la faire détester. Ils y sont arrivés. Ils voulaient que je sois totalement détachée, et ont fait ce qu'il fallait pour que ce soit le cas. Je pense que je transmettrai sûrement des messages un jour, car il me semble impossible d'avoir fait tout ce travail pour rien, mais je ne cherche plus à savoir quand. Je n'attends plus rien, je n'espère plus rien, sauf reprendre ma vie en main et trouver un travail dans lequel je me sente bien.

J'ai donc décidé de reprendre le contrôle de ma vie. Le métier d'agent d'accueil m'ayant toujours attirée, je me suis réorientée dans cette voie. J'avais désormais besoin d'acquérir de l'expérience dans ce domaine et j'y suis arrivée, progressivement.

Journal - 25 novembre 2018

Je voudrais voir ma vie prendre enfin un sens, quel qu'il soit. C'est ça qui est déprimant, je suis encore et toujours dans cette incertitude qui n'en finit pas. J'ignore où la vie me mène. Durant ces six dernières années, j'étais certaine de savoir où j'allais, j'étais sûre que j'allais exercer comme médium, je n'avais aucun doute, il fallait simplement que j'attende d'être prête. Mais aujourd'hui, je n'ai jamais été aussi peu sûre que cela arrive ; j'y crois de moins en moins.

C'est pour cette raison que je souhaite vraiment reprendre ma vie en mains et trouver un emploi dans lequel je me sente bien. Concernant la médiumnité, la seule chose que je me permets, c'est d'espérer qu'à défaut de pouvoir exercer à temps plein, qu'au moins, je puisse bientôt connaître le bonheur d'aider des gens en transmettant quelques messages ; j'espère de tout mon cœur.

Journal - 15 janvier 2019

Ce que je vis depuis quelques jours, je n'ai pas de mots pour le décrire, tellement c'est profond. C'est comme si tout avait basculé intérieurement. J'ai recommencé à lire « Histoire d'une âme » de Thérèse de Lisieux ; j'aime tant sa sensibilité et la pureté de son cœur ! Elle se considérait comme étant toute petite, pourtant elle a réalisé de si grandes choses !

Ma vie prend un nouveau sens, celui que je cherchais sans doute depuis le début sans en avoir conscience ; j'ai un nouveau but dans ma vie. Il y a six ans, j'étais prête à fournir tout le travail et les efforts nécessaires afin de pouvoir continuer dans la voie de la médiumnité. Mon but était de pouvoir exercer comme médium, j'étais si passionnée que je ne voulais faire que ça ; mais aujourd'hui tout est différent. Au plus profond de mon âme, je sais ce que je veux : accéder au royaume de Dieu, au bonheur ineffable qui attend celles et ceux qui sont prêts à consacrer leur vie à l'Amour. Je sais désormais que cette vie présente est mon opportunité d'avenir.

Jésus a dit : « Que celui qui veut être le premier soit le dernier et le serviteur de tous. »

Par conséquent, si l'on souhaite se préparer un avenir lumineux et merveilleux au Ciel, alors il faut être prêt à renoncer à soi-même. Mener une vie simple, humble, travailler à devenir meilleur et aimer notre prochain, afin d'avancer petit à petit sur cette voie de lumière qui nous permettra d'acquérir les richesses intérieures qui nous ouvriront les portes du Royaume céleste. Je sais que ce que j'écris là peut sembler très religieux... et pourtant je ne le suis absolument pas ! Mais, je ne trouve pas d'autres mots pour exprimer les sentiments qui envahissent mon cœur et mon âme.

Tout s'éclaire. Depuis ma naissance, Dieu m'a tout donné afin de pouvoir grandir à l'abri des tempêtes ; il m'a protégée : des parents aimants, un mari attentionné, protecteur, et d'une grande lucidité. Lorsque j'ai trouvé ma passion, dans son infinie sagesse, Dieu a bloqué mes facultés jusqu'à ce que mon cœur soit suffisamment mûr pour suivre l'essentiel : la voie de l'Amour.

Je pense que la médiumnité est autant ma vocation que mon épreuve : vocation dans le sens d'être l'intermédiaire par lequel l'Amour et la lumière viendront consoler les cœurs qui souffrent sur la Terre, mais c'est également une grande épreuve, car le médium est soumis à l'adulation, il doit rester extrêmement vigilant face à l'égo, et parallèlement, il subira immanquablement l'humiliation, la jalousie, la méchanceté, et nombreuses seront les tentations auxquelles il devra résister ; mais si l'on veut accéder au Royaume de Dieu, alors on se doit de mener une vie en accord avec les enseignements que l'on professe, et cultiver une attitude dictée par l'amour le plus pur.

Jamais je n'aurais imaginé que la découverte de mes facultés médiumniques me mènerait à une telle transformation intérieure, mais Dieu veillait. Il savait ce que mon âme désirait ardemment et a mis entre mes mains tout ce dont j'avais besoin afin de mener, sur Terre, une vie qui m'ouvrirait les portes du Ciel. Désormais, c'est à moi de travailler et de faire le nécessaire, afin de rester toujours dans la lumière.

S'entraîner

Journal - 25 janvier 2019

J'apprends à mener un nouveau mode de vie, celui que j'ai choisi. J'apprends à ne rien vouloir pour moi-même, et à simplement rendre les gens heureux, à commencer par ceux qui vivent sous mon toit. Je m'entraîne à résister à l'envie d'ouvrir la bouche lorsque le conflit menace, et je m'entraîne également à résister aux tentations. Mais, ce matin, lorsque je me suis levée, je pensais aux efforts que j'étais censée faire, et je n'arrivais plus à y trouver un sens. Je me demandais vraiment pourquoi ? À quoi ça rime de faire des efforts sur de petites choses qui à priori n'ont aucune importance ? Je pense avoir trouvé la réponse. Thérèse de Lisieux dit dans son livre Histoire d'une âme :

« Ah ! Que les enseignements divins sont contraires aux sentiments de la nature ! Sans le secours de la grâce, il serait impossible non seulement de les mettre en pratique, mais encore de les comprendre. »

C'est tellement vrai… et ce matin, je crois que la grâce est venue à mon secours afin de m'aider à comprendre.

Il n'y a absolument rien de mal à se faire des petits plaisirs dans la vie, vraiment rien. Oui mais alors, pourquoi y renoncer ? Pour se forger une ligne de conduite. Je pense que c'est ça qui est important : prendre l'habitude de résister aux diverses tentations, apprendre à ne pas céder à nos envies. C'est une forme de discipline qui, à mon avis est primordiale.

Nous sommes tous sur le chemin de l'évolution et avançons vers un même but qui est la perfection. Nous sommes libres de vivre comme nous le souhaitons, mais notre avancement spirituel sera à la mesure de la vie que nous avons menée.

Dans mes prières, j'ai toujours demandé que je puisse m'élever le plus possible. Je connais maintenant le moyen d'y arriver : mener une vie dictée par l'amour le plus pur, et me détacher progressivement de mes désirs terrestres ; mais c'est très dur. Je n'arrive même pas à tenir parfaitement mes résolutions durant une journée entière, et je ne subis pas, pour l'instant, de grosses tentations ou d'influences qui m'incitent à céder. Je vois bien qu'il n'y a que moi, ma nature humaine, et c'est déjà bien difficile de combattre sa propre nature, de courber sa propre volonté, de s'entraîner à le faire au quotidien, chaque jour. Cela demande une grande attention, une grande volonté, et c'est difficile. Mais c'est également l'opportunité que Dieu m'envoie, car sans combat, aucune possibilité de victoire n'existe, et au fond de mon âme je sais que je peux y arriver.

Je vois bien que pour le moment, même si j'ai un grand désir de réussir, la volonté dans l'application me manque. Tout est encore si fragile, et je prends conscience seulement maintenant que par moi-même, je ne peux rien. Je ressens profondément que sans l'aide Divine, sans le soutien du monde spirituel, je ne serai jamais arrivée là où j'en suis aujourd'hui. La prière est une aide précieuse que seuls ceux qui l'utilisent peuvent connaître et goûter. Il suffit de demander avec le cœur, et de simplement faire ce que l'on peut à notre niveau. Alors je demande, à ce qu'on m'aide à avoir plus de volonté, à ce qu'on m'aide à ouvrir mon cœur au véritable amour, à ce que j'arrive à me détacher des désirs matériels, afin de m'élever autant que possible, et je sais qu'il n'y a qu'avec l'aide et le soutien Divin que j'y parviendrai.

Journal - 17 mars 2019

Je souhaite m'élever le plus possible, mais il est clair que je ne fais pas ce qu'il faut pour y arriver ; je ne m'entraîne pas comme je le devrais. Ce ne sont pourtant pas les occasions qui manquent, mais je ressens une profonde lassitude. Je n'ai pas envie de me battre ni de faire les efforts nécessaires afin de résister aux tentations ; au contraire, j'y cède. Je sais très bien que c'est l'opportunité de me battre afin de remporter la victoire, mais je manque cruellement de volonté, et je comprends pourquoi rien n'a encore commencé concernant la médiumnité. Je sais qu'en tant que médium je suis un simple instrument, un instrument de Dieu. Or, que fait un musicien devant un instrument défaillant ? Il ne s'en sert pas, sachant que quelle que soit la mélodie jouée, le résultat ne sera pas satisfaisant. Il prend donc le temps nécessaire pour remettre l'instrument en état, l'accorder, afin que la mélodie jouée puisse être retransmise fidèlement.

Je pense que c'est ce que Dieu fait avec moi depuis bientôt sept ans : il me prépare. Ces dernières années, j'ai travaillé intensément dans le but de devenir médium. Mon travail était réel et permanent dans la pratique, dans chacune de mes pensées, dans chacun de mes actes, ma volonté était ardente. Aujourd'hui, je vois bien que j'ai beaucoup de mal ; je n'arrive pas à travailler sur mon attitude en mettant autant d'ardeur et de volonté qu'à l'époque, pour une raison simple : à l'époque, je travaillais pour obtenir quelque chose qui me tenait énormément à cœur. Aujourd'hui, même si je souhaite vraiment m'élever spirituellement avec la certitude de tout le bonheur futur qui y est lié, cela reste abstrait dans mon esprit. Je suis une simple humaine qui vit sur Terre, avec des désirs terrestres, et qui a beaucoup de mal à s'élever au-dessus de sa nature. Je rêve de grandeur et d'éternité, mais dans mes actes, je me maintiens au ras du sol. Tout ce travail que j'ai fourni, soyons honnêtes, je l'ai fait pour moi. Même si je voulais sincèrement aider les gens de tout mon cœur, cette volonté ardente que je mettais à l'ouvrage était liée à mon désir de pouvoir exercer comme médium : vivre de ma passion. Cependant, j'ai appris que je ne devais rien vouloir pour moi-même, mais simplement faire le bien, sans rien attendre en retour. C'est difficile... mon âme rêve de s'élever autant que possible durant cette vie, et moi, Sandrine, petite personnalité humaine, j'ai beaucoup de mal. Je m'accroche aux rêves et aux espoirs que j'ai nourris depuis sept ans, et maintenant, je dois arriver à dépasser ces désirs que j'avais pour rêver plus haut, plus grand : une vie vécue non pas pour moi-même, mais dédiée à une Œuvre qui me dépasse ; donner de l'amour, et me nourrir de la joie que j'apporterai aux autres.

Mon Dieu, aide-moi à avoir la volonté ardente de m'élever vers toi, comme lorsque je souhaitais exercer comme médium. Aide-moi à avoir la volonté qui me manque. Je vois désormais la route que je veux suivre, elle est devant moi, elle me tend les bras. Je sais ce que je dois faire pour arriver à ma destination, ma destinée... Je dois travailler à rendre les gens heureux, sourire, cultiver la compassion, l'Amour, résister aux mauvaises pensées, à l'envie de juger ou de critiquer, car bien souvent, sans même que j'en ai conscience, ce sont les ombres qui s'en mêlent ; ma défense, c'est de choisir la Lumière.

J'ai souvent pensé à une phrase que j'avais entendue un jour en clairaudience, il y a des années…

« Il sera beaucoup demandé à celle qui a beaucoup reçu ».
À l'époque, je pensais qu'il s'agissait d'avoir une bonne attitude, aimer, être humble, en échange de la vie que j'espérais tant : exercer comme médium. Mais je me trompais. J'ai reçu et je reçois toujours beaucoup d'aide pour l'élévation de mon âme. Oui, je reçois énormément, et ce que l'on attend de moi en retour, c'est que je me détache de mes désirs personnels. Je suis sûre que si je dispose de la faculté médiumnique, c'est parce qu'elle fait partie de mon chemin de vie. J'ai choisi cette voie afin d'être au service du bien, pour aider celles et ceux qui en ont besoin. Mais, je ne dois pas attendre que mes facultés se débloquent pour faire le bien ; je dois le faire de toutes les manières possibles, dès que l'occasion m'en est donnée. Mon guide m'a toujours dit que tout arriverait le moment venu, et je pense que ce sera le cas. J'ai juste à vivre en m'imposant une discipline de vie : une ligne de conduite forgée dans l'Amour, la compassion, la patience, la douceur, avec la volonté ferme de résister aux diverses tentations et pensées inférieures. Je sais que lorsque je serai prête, alors le bonheur tant attendu de pouvoir aider et consoler les personnes en souffrance, me sera donné.

<u>Journal - 23 mai 2019</u>

Tout se transforme. C'est comme si mon paysage intérieur avait changé, comme si mon désir d'exercer comme médium ainsi que tous les rêves et désirs que j'ai nourris si intensément depuis bientôt sept ans étaient désormais derrière moi, comme s'ils s'effaçaient. Je ne peux pas encore dire que ces désirs sont morts et enterrés, mais ils font désormais partie du passé.

J'avance. Jamais une telle transformation n'aurait pu s'opérer sans l'aide divine, et je suis heureuse car je sens qu'une nouvelle vie se profile à l'horizon : une vie lumineuse.

<u>Journal - 22 septembre 2019</u>

Difficile de mettre par écrit l'état de mon cœur… Dieu m'aime. Cette affirmation renferme en elle-même une immensité. Dieu m'aime, donc il fera ce qu'il y a de mieux pour moi. Lorsqu'on aime son enfant, on souhaite lui donner le meilleur, rien de moins. Et, il se trouve que « le meilleur » n'est pas de ce monde. Ce monde est notre exil, l'exil durant lequel nous devons tous travailler pour mériter.

Je commence à comprendre ce qu'est la Foi. Combien de mots pensons-nous connaître sans en saisir la véritable profondeur ? C'est ce qui m'arrive. Je commence à saisir l'immensité contenue dans certains mots ou certaines phrases. La foi, c'est savoir que tout ce qui m'arrive est bon pour Moi, car voulu par Dieu. Et, comme Dieu m'aime, il agira pour que tout ce qui m'arrive puisse me conduire au meilleur.

Tout travailleur doit passer par l'épreuve ; c'est l'épreuve qui représente mon opportunité d'avancement. Mais, comment parvenir à surmonter mes épreuves ?

— Tout d'abord, grâce à l'assurance que Dieu m'aime et veut le meilleur pour Moi. Tout ce qui m'arrive est donc juste, même si je ne le comprends pas sur l'instant, même si c'est très difficile… La Foi en Dieu me permet de toujours continuer d'avancer.

– *Travailler chaque jour à être de plus en plus petite.*

Jésus a dit :
« *Que celui qui veut être le premier, soit le dernier et le serviteur de tous* ».

Vouloir passer après, vouloir la dernière place.

– *Toujours chercher à voir le meilleur chez l'autre, apprendre à aimer, sourire.*

– *Bannir de mon langage, de mon attitude et de mes pensées, toute envie de critiquer, de faire des reproches, ou d'être médisante. Essayer de toujours faire ressortir le positif en chaque circonstance.*

– *Vivre dans l'instant présent. Ne plus ressasser le passé, et ne pas me préoccuper de l'avenir. Avoir confiance en Dieu.*

En appliquant cela, je sais que je surmonterai mes épreuves. En travaillant à être de plus en plus petite, je m'élèverai. En travaillant à être simple, humble, et à aimer chaque jour un peu plus, je m'élèverai. Et, plus je m'élèverai, moins les choses de la Terre m'affecteront. J'ai du travail… mais Dieu connaît mon cœur, et malgré toutes mes imperfections, il voit ma bonne volonté. Il sait que j'essaie de faire de mon mieux, et cela lui suffit. En bon père, il ne peut exiger plus que ce que son enfant est capable de lui donner. Tout est bien. Lorsque je regarde à l'intérieur de moi et que je repense à celle que j'étais il y a sept ans, je me dis que je ne suis plus la même personne. Mais, si je sonde encore plus loin, beaucoup plus loin, je me dis qu'en fait, c'est la même âme, oui, c'est moi, mais le voile de la chair se soulève graduellement. En réalité, plus je travaille, plus le temps passe, et plus je deviens moi-même.

Voilà le but de l'incarnation : expérimenter la vie dans la matière afin que notre âme s'élève, et s'épure. C'est l'évolution ; l'élévation. Nous marchons tous sur la voie des anges. Nous sommes tous appelés à devenir de purs Esprits. Mais, pour l'instant, je dois travailler à devenir une humble servante de Dieu. Ah… qui aurait cru il y a sept ans que je parlerai ainsi ? Sûrement pas moi. Mais, Dieu fait des miracles. Désormais, à moi de lui montrer que je suis digne d'être à son service.

Journal - 13 août 2020

Je sais au plus profond de mon âme ce que je veux : m'élever autant que possible, accéder à ce bonheur ineffable que seule une vie dédiée à Dieu et à l'Amour peut m'apporter. Mais, les influences sont toujours là…

Ces influences m'atteignent à cause d'une faille que je n'arrive pas à dépasser, toujours la même : l'envie de transmettre des messages, même bénévolement. J'ai réussi à dépasser de nombreux désirs durant ces dernières années, mais l'espoir de pouvoir enfin transmettre des messages pour aider des personnes dans la souffrance du deuil, celui-là, je n'arrive pas à m'en détacher et surtout, je ne veux pas y renoncer ; c'est bien ça le problème. À cause de ça, les mauvaises influences arrivent toujours à m'atteindre, et pour que ce ne soit plus le cas, cette faille doit disparaître. Pour qu'elle disparaisse, ce désir doit mourir. Je dois mourir à ce désir (tellement profond !) de transmettre des messages.

Malheureusement, s'il est facile de le dire et de l'écrire, et même de l'appliquer lorsque je suis dans de bonnes conditions, en revanche, lorsque des influences inférieures pèsent sur moi, toute ma façon de penser se transforme ; l'envie de transmettre des messages et la tristesse de ne pas pouvoir le faire remontent à la surface avec une telle force que cela me submerge littéralement. Dans ces moments-là, cela me semble simplement insurmontable. Je suis encore trop faible ; mais je sais que Dieu peut m'aider à dépasser ça. Je sais qu'avec son aide, tout est possible.

Un an plus tard…

Journal - 28 novembre 2021

Je me sens complètement perdue. Je n'arrive pas à trouver ma place dans ce monde. Aujourd'hui c'était flagrant : lorsque les mauvaises influences pèsent sur moi, je change. Je n'arrive pas dans ces moments-là à être celle que je désire être ; ces influences sont plus fortes que moi, elles me transforment. Je voudrais être calme, mais je m'énerve violemment. Je sais que je devrais me reprendre, mais je m'emporte de plus belle ! Alors, je me dis qu'il faut que je travaille très fort afin de garder le sourire, rester calme et paisible lorsque je me retrouve dans une situation de conflit… et le problème, c'est que je ne dois pas le faire pour moi, dans l'espoir d'être prête dans le but de pouvoir enfin transmettre des messages… NON, je dois au contraire me détacher de ce désir ; le faire en gardant mon regard tourné vers le Ciel, en pensant à Dieu et à l'élévation de mon âme, et je suis désespérée, parce que je n'y arrive pas.

J'ai l'impression de tomber sans arrêt sur des phrases du style « Suis ta passion », « Vis pour ce qui t'anime au plus profond de toi », que ce soit dans des vidéos, des articles, ou sur les réseaux sociaux ; sauf que moi, je ne peux pas ! Je ne peux pas suivre ce qui m'anime, je dois au contraire y renoncer, m'en détacher. C'est si dur ! Il y a des moments où j'ai l'impression que je n'y arriverai jamais. Les espoirs qui m'ont servi de moteur et m'ont permis d'avancer toutes ces dernières années sont morts, et j'ai énormément de mal à faire de Dieu et de l'élévation de mon âme un moteur assez puissant pour continuer à fournir les efforts et le travail nécessaire. J'en ai envie, mais aujourd'hui, je suis dépitée. Je manque de force, de foi, de courage, de volonté. Je manque de tout. Mon Dieu, aide-moi je t'en prie.

Je vous avais fait part de mon désir de me reconvertir afin d'être agent d'accueil, et j'y suis finalement parvenue. Après plusieurs CDD, j'ai trouvé un emploi dans une mairie à quelques minutes de chez moi. Je m'y sens bien, c'est un travail humain qui me permet de me rendre utile et d'être au service des gens ; cela me convient parfaitement.

Journal - 2 avril 2022

Je me réjouis d'avoir obtenu cet emploi, néanmoins cette nouvelle situation soulève des questions vis-à-vis de la médiumnité, et plus particulièrement concernant le fait d'être rémunérée. En effet, j'ai appris que lorsqu'on travaille dans la fonction publique à temps plein, il n'est pas possible de cumuler notre emploi avec une autre activité. Au moins, c'est clair, la vie a décidé pour moi : je ne pourrais pas exercer en tant que médium en plus de mon travail, ou du moins, je ne pourrais pas le faire en étant rémunérée. Le temps que je consacrerai à aider les gens en transmettant des messages sera donc donné, bénévolement.

La question qui se pose, c'est pourquoi ? Pourquoi la vie m'a-t-elle guidée en ce sens ? Est-ce parce que comme je l'ai toujours entendu dire par les personnes du milieu spirite : « la médiumnité est un don de Dieu, et en retirer une rémunération serait la détourner de son but providentiel ? » J'ai beaucoup réfléchi à la question, et je reste persuadée que non. Je suis sûre que ce qui compte, c'est le fond, l'intention, et qu'être rémunérée pour le temps passé n'a rien de condamnable.

Je pense que ce poste est un cadeau du ciel, une protection, afin de commencer concrètement la pratique de la médiumnité, tout en gardant les deux pieds bien ancrés sur Terre entre mon travail et ma famille, qui me garantiront l'équilibre indispensable pour avancer sûrement dans la vie.

L'équilibre :

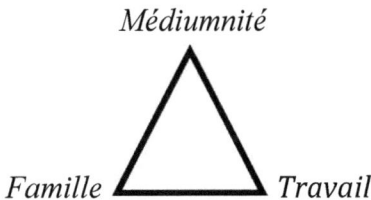

Tout est parfait, je le reconnais, et je vois déjà un choix se profiler à l'horizon.

Une fois que mes facultés seront débloquées, que je pourrais transmettre des messages afin d'aider les gens, et que le bouche-à-oreille se mettra en marche, j'aurai alors la possibilité de passer à un mi-temps en mairie en le complétant par mon activité de médium, et avec le temps, j'arriverai à exercer à temps plein.

Oui, mais… j'ai énormément réfléchi à la question. Laissez-moi partager avec vous les fruits de mes réflexions : Prenons le cas de Chico Xavier, cet homme merveilleux qui tout au long de sa vie fut un exemple vivant d'Amour et de Don de Soi. L'œuvre accomplie par son intermédiaire est immense : des milliers de personnes aidées, soutenues, apaisées, pas seulement par sa médiumnité, mais par-dessus tout, grâce à l'amour et la charité dont il faisait preuve. Chico rayonnait l'amour.

Il menait toutes ses actions d'aide et de charité sur son temps libre, en plus de son travail, offertes de manière totalement désintéressée dans le seul but d'aider les gens. Il n'agissait pas pour lui-même, mais pour une Cause. **Il était un instrument entre les mains de Dieu.**

Une telle œuvre peut-elle être compatible avec une vie de médium « professionnel » ?

Sincèrement, j'ai mis bien des années à trouver ma réponse. Oui, pendant des années, cette question revenait, encore et encore, parce que je n'arrivais pas à trouver une réponse qui sonne juste dans ma conscience. D'un côté, je voyais bien que le ciel me poussait dans une voie de bénévolat, de don de soi ; et de l'autre, je n'arrivais pas à comprendre pourquoi je ne pourrais pas, en même temps, être rémunérée pour le temps passé, ET agir avec amour, honnêteté et simplicité. Durant des années et des années, j'ai cherché...

J'ai tellement rêvé de pouvoir exercer comme médium, vivre de ma passion... et d'un autre côté, mon âme aspire tellement à s'élever, à suivre l'exemple de Chico Xavier et contribuer à une œuvre qui me dépasse... **un choix à faire entre mes désirs personnels et les aspirations les plus profondes de mon âme.** *Il n'y a pas de bon ou de mauvais choix, mais, il y en a un qui clairement me permettra de m'élever davantage, et* **c'est ce que je veux.**

Lorsque comme Chico Xavier nous dédions notre temps aux autres par amour, simplement pour le bonheur d'être utile et d'aider ceux qui en ont besoin, alors nous sommes dans le don de soi ; un don de soi qui nous procure de la joie. Tandis que lorsqu'on exerce comme médium professionnel, nous aidons les personnes et nous sommes payés pour cela. C'est un métier. Un métier qui, certes, peut être pratiqué avec honnêteté et de réelles bonnes intentions, mais un métier, et il y a une immense différence entre les deux, parce que dans un cas, nous agissons pour nous-mêmes, tandis que dans l'autre, nous renonçons à nous-mêmes afin de faire la volonté de Dieu. Je sens que je suis arrivée à un moment de ma vie où je dois faire un choix en toute conscience qui déterminera mon avenir.

Cela peut vous sembler incompréhensible qu'après tant d'années à espérer pouvoir exercer en tant que médium, finalement j'y renonce. Mais l'âme a une puissance mystérieuse. Ce que je souhaite n'a jamais été aussi clair ! M'élever le plus possible. Durant toutes ces années, ma prière a toujours été la même :

« Mon Dieu, aide-moi à m'élever le plus possible durant cette vie ».

Voilà, j'ai ma réponse. Si le Ciel me guide dans une voie de bénévolat, de renoncement à mes désirs personnels, c'est en réponse à mes prières et aux aspirations les plus profondes de mon âme. En fait, je pense qu'être rémunéré nous place dans l'échange **matériel**. Mais lorsque nous aidons les autres dans un sentiment de total désintéressement, nous ne sommes plus dans la matière ; il ne s'agit plus ici d'échange matériel, mais d'échange **spirituel**. Ce chemin fait partie de l'élévation de l'âme ; se détacher progressivement de la matière, se détacher de soi-même et de ses désirs, s'élever toujours plus dans l'amour. Je ne veux pas agir pour moi, mais pour le Ciel ; je veux suivre les aspirations les plus profondes de mon âme, en travaillant pour une Cause qui apportera la lumière dont notre société a tant besoin en ce moment…

Ce choix, ce renoncement conscient de cette vie dont j'ai tant rêvé, jamais, JAMAIS je n'aurai pu le faire avant aujourd'hui. Il aura fallu beaucoup de temps et l'aide constante du monde spirituel avant de pouvoir y arriver, et encore aujourd'hui, c'est dur. Évidemment que c'est dur de renoncer aux rêves que l'on a nourris depuis si longtemps… mais lorsque d'autres rêves viennent caresser notre âme, des rêves plus grands, plus purs, alors le désir de vivre une vie qui nous plaît laisse petit à petit la place à une vie qui nous **élève**. Le ciel m'a aidée et m'a guidée lors de ces dernières années. Ils n'ont pas répondu à mes désirs terrestres parce qu'ils avaient **bien plus** à m'offrir, et parce qu'ils savaient, eux, ce que mon âme désirait ardemment.

Ce que je n'aurais jamais cru écrire

Ces lignes que vous allez lire, jamais je n'aurais imaginé les écrire. Jamais, jamais la personne que j'étais n'aurai cru parler un jour comme je vais le faire. Pourtant, le bouleversement intérieur qui s'est opéré dans ma vie est le plus grand, le plus important de tous. C'est le centre de tout ce travail, la base sur laquelle tout repose, la direction et le but à atteindre, et je ne peux pas faire autrement que de le partager.

Toute construction visant à durer dans le temps, a besoin de reposer sur des bases solides, car sinon, tôt au tard, l'édifice s'écroulera. Durant toutes ces années pendant lesquelles j'essayais d'agir au mieux, et malgré ma bonne volonté, lorsque les difficultés surgissaient, j'avais énormément de mal à les surmonter. De plus, j'étais encore soumise à l'influence des Esprits inférieurs qui m'atteignaient toujours par la même faille : l'envie de transmettre des messages. Dans mon état normal, j'en étais détachée, mais lorsque les influences inférieures pesaient sur moi, ma façon de penser changeait, et je retombais dans mes anciens désirs. Même s'il n'y a rien de mal à vouloir aider des personnes en souffrance en transmettant des messages, c'est un désir personnel lié au *moi*, et donc, une faille. Je voulais vraiment renoncer à mes anciens désirs afin de m'élever, mais face aux influences des Esprits inférieurs, je n'étais pas assez forte ; les fondations manquaient. Voici alors ce que j'ai écrit dans mon journal :

« Mon Dieu, je te supplie de m'aider à m'ancrer, tel un arbre, dans une vie d'amour, de bienveillance, et d'abnégation, en ne souhaitant plus rien pour moi-même, mais vivre pour aimer et faire ta volonté ».

Et, voici ce que j'ai écrit, quelques mois plus tard :
« *Ma prière a été entendue, elle est en train de s'exaucer. Par quel moyen ? Celui que je n'aurais jamais imaginé : Jésus. Comment un tel changement a-t-il pu se produire ? Il y a à peine quelques années, je ne voulais même pas en entendre parler...* »

À tous ceux qui n'ont pas la moindre envie d'entendre parler de Jésus, ou des évangiles, sachez que personne n'est mieux placé que moi pour vous comprendre, parce que j'étais exactement dans le même cas, il n'y a pas si longtemps. En effet, tout ce qui touche de près ou de loin à la religion et tout ce qui s'y rattache dans la forme m'a toujours repoussée. Je me sens extrêmement proche du *sentiment religieux*, de la *spiritualité*, mais tout ce qui touche à la forme religieuse d'une manière ou d'une autre me rebute. C'est pour cette raison que durant toute ma vie -*jusque très récemment*-, je suis restée hermétique à tout ce qui touchait à Jésus, car pour moi, Jésus et la religion, c'était pareil.

S'il y a bien une chose que je peux dire, c'est que ce n'est pas moi qui suis allée à sa rencontre ; c'est Lui, qui est venu vers moi. Sur ce chemin de transformation intérieure que je vivais, je me suis sentie *invitée* à découvrir Jésus, l'homme, sa vie, ses enseignements. C'était comme si on me tendait la main. Pour la première fois de ma vie, j'ai réussi à lire le Nouveau Testament en entier, et je me suis rendu compte que tout ce qui avait tendance à me « repousser » dans la religion, n'avait rien à voir avec ce que Jésus avait enseigné. J'ai découvert un homme qui rayonnait littéralement par sa personnalité simple et puissante, par sa douceur et sa force, et par-dessus tout par son Amour. Qu'est-il venu nous enseigner ?

Évangile de Jean - Chap. 15 - Verset 17 :
« Ce que je vous commande, c'est de vous aimer les uns les autres. »

Évangile de Marc - Chap.12 versets 30-31 :
Voici le premier commandement :
« Tu aimeras le Seigneur ton Dieu de tout ton cœur, de toute ton âme, de toute ta pensée, et de toute ta force. »

Voici le second :
« Tu aimeras ton prochain comme toi-même. »

Il n'y a pas d'autre commandement plus grand que ceux-là.

1er épître de Jean, Chap. 3 - verset 11 :
« Car ce qui vous a été annoncé et que vous avez entendu dès le commencement, c'est que nous devons nous aimer les uns les autres. »

Ce que Jésus est venu nous enseigner, c'est **L'Amour.** Il n'y a rien de plus important.

Au fil de ma lecture du Nouveau Testament, j'ai réalisé que les enseignements spirites qui ont tant raisonné en moi, rejoignent ceux que Jésus a donnés il y a plus de deux mille ans. J'aborde ce sujet un peu plus loin dans cet ouvrage. Le but du spiritisme est l'amélioration des hommes ; il enseigne les hommes pour le bien en nous expliquant qui nous sommes, d'où nous venons, où nous allons. Il nous aide à comprendre le sens et le but de notre existence.

Nous vivons littéralement plongés dans une société de consommation qui nous incite à *paraître* et à vouloir *toujours plus*, mais le véritable bonheur est ailleurs. Il est temps de prendre conscience que nous devrons tous quitter ce monde un jour, et que la vie ne s'arrêtera pas, mais surtout, il est important de comprendre que l'avenir ne sera pas le même pour tous. Chacun récoltera selon ses œuvres. La Terre est notre exil. Un jour, nous retournerons dans le plan spirituel, ce monde d'où nous venons tous. Le but de la vie terrestre n'est pas le bonheur ; c'est l'élévation par le travail, par l'étude, et également par la souffrance, car qui ne souffre pas n'apprend pas à lutter, et c'est en luttant que l'on devient plus fort.

Cela veut-il dire qu'il faut se résigner à une vie exclusive de douleur et de souffrance durant notre vie terrestre ? Bien sûr que non. Mais, je suis convaincue que les plus grandes joies sont dans les choses les plus simples. La beauté de la nature, un sourire, un moment de bonheur partagé avec quelqu'un qu'on aime, sont les véritables trésors de la vie. Jésus nous invite à la conquête de la vie éternelle par le sacrifice du présent. Renoncer aux plaisirs terrestres afin de conquérir les biens éternels. S'oublier, ne rien vouloir pour soi-même, s'en remettre entièrement à Dieu et à sa volonté, car Dieu ne veut pour nous que le meilleur.

Je ne saurais expliquer pourquoi je trouve les fondations dont j'avais besoin auprès de Jésus. Cela me dépasse. Tout ce que je peux dire c'est que c'est le cas. Jésus est donc arrivé dans ma vie, et je m'efforce d'agir en gardant en tête ses enseignements, son exemple, et la vie qu'il a menée. En ce début juin 2022, je commence à toucher du doigt ce que je savais depuis des années.

Cependant, je comprends aujourd'hui qu'il y a une grande différence entre savoir quelque chose, et le vivre. Je sens bien que par moments, je mène une véritable bataille intérieure. Il m'arrive encore de penser que cela fait dix ans que je travaille… et rien. Je me vois comme un jardinier qui a pendant très longtemps pris soin d'arracher toutes les mauvaises herbes qui envahissaient le sol, qui a labouré la terre, semé, arrosé jour après jour, pour que finalement, le sol reste désespérément vide. Tout ce travail que j'ai fourni n'a porté aucun fruit, je n'ai pu aider personne.

Je n'arrivais pas à me défaire de cette pensée, de cette image qui me remplissait de tristesse. J'ai donc, comme chaque soir, prié en demandant de l'aide afin d'arriver à me détacher de mes désirs terrestres, et qu'on me dise aussi pourquoi… pourquoi après tant de travail, je ne récolte aucun fruit ? Pourquoi la terre après tant de soins reste-t-elle désespérément vide ?

Le lendemain, dans un livre que je n'avais pas repris depuis environ deux semaines, quelques lignes après l'endroit où je m'étais arrêtée, je pus lire ceci :

« *Voyez : en hiver, la terre paraît morte, mais, à l'intérieur, les graines travaillent et la sève se nourrit d'humidité, gonflant les racines, pour en avoir en profusion en vue des floraisons, quand sera venu le temps des fleurs. Vous aussi, vous êtes comparable à cette terre hivernale : nue, aride, grossière. Mais, sur vous est passé le Semeur, et il a jeté sa semence. Près de vous est passé le Cultivateur, et il a sarclé le sol autour de votre tronc, planté dans une terre aussi dure et rugueuse que lui, pour que la nourriture venue des nuages et de l'air puisse parvenir aux racines afin de les fortifier pour les fruits à venir. Quant à vous, vous avez reçu la semence et accepté le travail de la bêche, parce que vous avez la bonne volonté de porter du fruit dans l'œuvre de Dieu. »*

Ce passage est extrait du tome 2 de « L'évangile tel qu'il m'a été révélé, par Maria Valtorta ». Dans ces lignes, c'est l'Esprit de Jésus qui parle. Pour moi, c'était flagrant. Ce passage était une réponse que le Ciel m'adressait, comme pour me dire que même si pour l'instant les fruits ne sont pas visibles, un énorme travail de fondations est en cours. Ce travail est long… mais indispensable. Je sens bien à quel point je suis aidée ; c'est normal et humain d'être découragée parfois, mais ce qui compte, c'est de continuer d'avancer. De plus en plus, je sens que la tendance commence à s'inverser : lorsque je me trouve sous influence et que mes anciens désirs m'envahissent, je choisis de m'en détourner, et de regarder vers Dieu. Je veux trouver ma joie et mon bonheur dans le fait de Le servir. Comment Le servir ? En suivant les enseignements de Jésus, en m'appliquant à être la meilleure personne que je puisse être. Nous sommes là où Dieu nous veut, et nous devons donc simplement faire de notre mieux là où nous sommes, à notre niveau, dans l'instant présent.

De tout ce que j'ai appris, la direction que je souhaite donner à ma vie peut se résumer ainsi : « *L'âme avant le corps, le spirituel avant le matériel, l'amour avant l'égo.* »

Durant toutes ces années, j'ai souhaité transmettre des messages ; j'étais fixée sur la médiumnité et tout ce qu'elle pouvait apporter : consolation, espoir… mais aujourd'hui, je prends conscience que le message le plus important, bien au-delà de tout cela, c'est Jésus, son Amour.

« Je suis la vérité, le chemin, et la vie »

Oui j'en suis convaincue, Il est la lumière dont notre monde a besoin. Alors si la médiumnité est un merveilleux outil, elle n'est en rien une finalité. LE MESSAGE, c'est JÉSUS, et **Jésus** c'est **L'AMOUR PERSONNIFIÉ.**

Il y a un an, j'ai écrit ces lignes :
« Je veux travailler pour une Cause qui apportera la lumière dont notre société a tant besoin en ce moment ... »

J'ai trouvé la Cause pour laquelle je veux travailler : La Cause Spirite, dont Jésus est le Cœur. Je sais que beaucoup de personnes penseront que les deux n'ont rien à voir, et même, que c'est une honte de lier Jésus au spiritisme, mais moi, je suis convaincue du contraire, et j'aborderai ce point un peu plus loin dans cet ouvrage.

Alors voilà, désormais, je m'abandonne entièrement à Dieu comme une enfant qui s'abandonne dans les bras de son Père, en toute confiance. Je me sens prête à accepter la vie et les épreuves qu'elle me réserve ; je sais que tout ce que j'ai à faire, c'est simplement de faire de mon mieux. Je fais donc en sorte de vivre chaque jour en étant vigilante à mes pensées, à mes paroles et à mes réactions, en essayant de toujours suivre la boussole de l'Amour dont Jésus est le modèle.

Nous voilà en 2025, et quand je pense à la transformation intérieure qui s'est opérée en moi, je me dis que les pouvoirs mystérieux du monde spirituel sont réellement incroyables. C'est invisible, impalpable, mais c'est véritablement **immense**.

J'ai commencé l'écriture de ce livre il y a treize ans, et j'ai toujours pensé qu'il ne serait fini, que le jour où je commencerai à transmettre des messages. Ce moment n'est toujours pas arrivé, et pourtant, je ressens que le moment est venu pour moi de partager mon témoignage. Je sais aujourd'hui que la médiumnité n'est qu'un outil, un outil merveilleux qui peut apporter l'apaisement et l'espoir à ceux qui souffrent de la perte d'un être aimé, mais ce n'est pas l'essentiel. L'essentiel, c'est d'aimer, de faire de notre mieux, parce que c'est notre raison d'être sur cette Terre. Est-ce que je transmettrai des messages un jour ? Dieu seul le sait ; l'avenir nous le dira. Qu'il soit fait selon sa volonté. Aujourd'hui, je sens que tout est parfait. Le monde spirituel a œuvré afin que les choses se passent au mieux, et je l'en remercie infiniment.

Dans le livre *Directives*, psychographié par Chico Xavier, l'Esprit de son guide, Emmanuel, s'exprime en ces termes : « *Tout comme dans n'importe quelle réalisation, le collaborateur débutant a besoin de temps et d'efforts afin de se convertir en aide précieuse. De sorte que concernant les problèmes d'échange avec la sphère supérieure, avant le progrès médianimique, il faut considérer l'amélioration de la personnalité pour mieux s'ajuster à l'œuvre de perfection générale.* **Avant de vouloir devenir des médiums, aimons-nous, et éduquons-nous. Ce n'est qu'ainsi que nous recevrons le véritable pouvoir d'aider émanant des orientations du Ciel.** »

Voici ce que dit l'Esprit Miramez dans le livre *Sécurité médiumnique*, de Joao Nunes Maia : « *La médiumnité ne dépend pas des qualités humaines pour exister dans sa fonction naturelle. Cependant, il y a des lois qui régissent sa position dans le domaine où elle opère. Le médium peut transmettre des messages de haute teneur éducative et scientifique, en faveur de l'humanité, comme aussi servir de canal pour des Esprits farceurs ou pseudo-savants. Cette variation dépend de la manière dont le médium fait sa vie, de ses sentiments et des conditions spirituelles qui vibrent dans son cœur. Ainsi, il ne suffit pas seulement d'avoir de la bonne volonté. Il est nécessaire de comprendre l'objectif de son mandat et de suivre les chemins que l'ordre et la moralité imposent, dans une vie réglée par les directives de la lumière spirituelle. Le futur médium doit supprimer de ses pensées tout ordre de vanité, tout type d'impulsion qui le mène à l'orgueil et à se sentir supérieur, en oubliant toujours les offenses reçues. Ceci doit être sa première préparation, car l'agression viendra certainement, pour le tester dans ce qu'il a déjà appris sur le véritable amour.* »

Lorsqu'on commence à développer des capacités médiumniques, en général, on ne s'intéresse qu'à nos facultés, alors que c'est la dernière chose qui devrait nous préoccuper. Le travail du médium qui a conscience de ses responsabilités, consiste à apprendre à **être**. Travailler sur nos imperfections, cultiver l'amour et le pratiquer dans notre vie au quotidien, chaque jour un peu plus. C'est de cette manière que nos facultés s'épanouiront, et que nous attirerons à nous des Esprits élevés qui viendront nous aider et nous seconder dans notre travail.

Léon Denis dit dans son livre *Dans l'invisible, spiritisme et médiumnité* : « *Ne laissez pas flotter vos pensées vers des objectifs divers, mais fixez-les sur un but élevé ; mettez-vous en harmonie de vue et de sentiments avec les âmes supérieures. En vous maintenant dans cet état d'esprit, vous sentirez peu à peu des courants puissants descendre sur vous, vous pénétrer, augmenter la sensibilité de votre organisme fluidique. D'abord passagère, intermittente, cette sensibilité s'accroîtra, deviendra permanente. Votre périsprit se dilatant, se purifiant, aura plus d'affinité avec les Esprits-guides, et des facultés ignorées se révéleront en vous : médiumnité voyante, parlante, auditive, curative, etc. C'est par le perfectionnement, l'élévation morale, que vous acquerrez cette sensibilité profonde, cette sensibilité psychique qui permet d'obtenir les manifestations les plus hautes, les preuves les plus convaincantes, les identités les plus précises.* »

Toutes ces années de travail avaient un but bien plus grand que ce que j'imaginais. Je ne devais pas avancer dans un but personnel, comme vouloir exercer en tant que médium. Il fallait que quelle que soit ma situation, je souhaite aimer et servir Dieu, sans rien attendre en retour pour moi-même. Je savais que je devais définir précisément le but de ma vie, afin de pouvoir rester stable et droite dans ma voie. Aujourd'hui, je sais que la meilleure de toutes les protections, c'est d'être connecté à Dieu, dans notre esprit et dans notre cœur : un lien vivant, puissant, tellement présent ! Ce lien nous guide, nous motive à vivre dans l'Amour, chaque jour. Il nous donne la force, la foi, c'est un véritable rempart contre les difficultés de la vie.

Le travail entrepris par mes guides était donc bien plus profond que ce que je croyais. Il ne s'agissait pas seulement d'un travail de filtrage, mais de l'élévation de mon âme. Ils souhaitent que chaque être humain s'élève dans l'Amour, qu'il trouve la Source. Si durant toutes ces années le fait de pouvoir transmettre des messages était primordial pour moi, pour eux en revanche, c'était totalement secondaire. Il fallait faire les choses dans l'ordre : d'abord la compréhension, puis les bonnes dispositions, la transformation intérieure, et l'application concrète de tous ces enseignements dans ma vie.

Voici un extrait du livre *Communication avec le monde spirituel*, de Johannes Greber, dans lequel un Esprit fournit des explications concernant la formation des médiums par le monde spirituel ; cela correspond tout à fait à ce que j'ai vécu.

« Ce qui doit servir à des fins déterminées doit auparavant être préparé et rendu conforme. Vos machines et vos outils sont construits en conformité avec l'usage auquel on les destine. Les médiums sont les instruments du monde des Esprits. Ils doivent rendre possible la communication des Esprits avec les êtres incarnés dans la matière. Ces médiums doivent par conséquent être rendus aptes à accomplir ce qui est nécessaire afin d'atteindre ce but. Cela se fait par le développement de leurs facultés médiumniques. Les médiums sont essentiellement des sources d'énergie d'où les Esprits puisent la force motrice nécessaire pour leur action. Ce sont les médiums qui fournissent l'énergie fluidique. Pour te faire comprendre autant que possible ce qui se passe lors de la formation des médiums, je veux recourir à une comparaison. Pour actionner vos véhicules automobiles, vous vous servez d'une substance dérivée du pétrole.

En ouvrant un gisement pétrolier, on cherche d'abord par un forage profond, à obtenir une quantité de pétrole suffisante pour rendre l'exploitation rentable. Mais le pétrole brut obtenu de ces puits n'est pas encore utilisable. Il faut d'abord le purifier et l'adapter à différents usages par diverses méthodes de filtrage. C'est la même chose pour le monde des Esprits, qui est surtout soucieux de se procurer à travers les médiums, une quantité de fluide aussi grande que possible. La formation des médiums a ensuite pour but l'adaptation du fluide du médium avec celui de l'Esprit qui travaille à travers lui. C'est l'affaire du monde des Esprits d'y parvenir. L'adaptation du fluide varie grandement, selon qu'il sera utilisé par des Esprits supérieurs ou inférieurs. Un Esprit supérieur devra purifier et affiner le fluide du médium. Il faudra, en quelque sorte, qu'il le filtre. Un Esprit inférieur n'a pas besoin de procéder de la sorte, car son propre fluide impur s'accommode fort bien du fluide terrestre non purifié. Ceci explique qu'il leur est plus facile d'utiliser des médiums à leurs fins, et ils atteignent ce but beaucoup plus rapidement que les Esprits supérieurs. Beaucoup de médiums ont des défauts qu'il faut corriger, avant que leur formation ne puisse débuter. »

Je ne compte plus le nombre de fois dans mes prières, où j'ai demandé que des réponses concrètes arrivent, et que je puisse enfin transmettre des messages. Mais, je n'étais pas prête, et je ne le suis probablement pas encore aujourd'hui.

Dans l'ouvrage **Le Consolateur**, l'Esprit **Emmanuel**, guide de Chico Xavier, dit : « *Les spirites sincères doivent comprendre qu'il ne suffit pas de croire au phénomène ou à la véracité de la communication avec l'au-delà pour que leurs devoirs sacrés soient totalement* *accomplis, car l'obligation primordiale se trouve dans l'effort, dans l'amour du labeur, dans la sérénité face aux épreuves de la vie, dans le sacrifice de soi, afin de comprendre pleinement l'exemple de Jésus Christ en cherchant sa lumière divine pour exécuter tous les travaux qui leur appartiennent dans le monde. »*

J'ai vécu des moments difficiles durant ces treize dernières années. L'espoir, l'attente, les nombreuses désillusions, le poids des influences inférieures, le renoncement… mais malgré cela, je ne regrette rien. Si je n'avais pas été mystifiée par de mauvais Esprits, je n'en serais pas là aujourd'hui, et c'est bien la preuve que quand on tombe très bas, il est toujours possible de se relever. Lorsque j'ai découvert mes facultés, je n'aurais jamais imaginé que les choses se dérouleraient ainsi. Cependant, je sais aujourd'hui que la transformation intérieure qui s'est opérée est une véritable richesse que j'emporterai avec moi pour l'éternité.

Ces années de travail constituent le plus grand cadeau qui m'ait été donné. J'ai été préservée, protégée, jusqu'à ce que je sois prête à avancer non pas sur la voie de mes envies, mais vers le but grandiose de la Vie que toute âme aspire à atteindre. Il n'y a rien de plus gratifiant que de se sentir avancer sur la bonne voie, celle de son âme.

« S'éveiller, c'est trouver cette lumière intérieure resplendissante. Désormais mon œil intérieur s'est ouvert. Je ne suis plus aveugle.
Je vois. "
Marc Alain Descamps

Deuxième partie - spiritisme et médiumnité

*« Le sens de la vie est de trouver ses dons.
Le but de la vie est d'en faire don aux autres. »*
Picasso

Les différentes sortes de médiumnités

Lorsqu'on débute, il est naturel de vouloir se renseigner sur ce que vivent les autres médiums, afin de comparer leurs expériences aux nôtres. C'est tout à fait normal, mais j'aimerais partager avec vous cette phrase qu'un ami m'a dit un jour : *« il y a autant de médiumnités différentes qu'il y a d'étoiles dans le ciel »*.

Chaque médium est différent, et même si les facultés en elles-mêmes présentent des similitudes, chacun a sa propre voie.

Transmettre des messages d'amour aux personnes endeuillées, apporter un soulagement grâce aux passes magnétiques, peindre de sublimes tableaux qui apaisent l'âme ou encore recevoir des poèmes à partager autour de nous… ce qui importe, c'est de mettre nos facultés au service de ceux qui en ont besoin.

Ne nous comparons pas aux autres, travaillons simplement à développer notre médiumnité afin qu'elle devienne aussi belle que possible.

Les facultés médiumniques peuvent-elles se manifester spontanément ?

Oui, absolument. Nombreuses sont les personnes qui, en train d'écrire à leur bureau, sentent qu'une énergie étrangère pousse leur main.

Ils se mettent alors à écrire sans l'avoir voulu et sans même savoir ce que leur main est en train d'écrire. C'est ce qui s'est passé pour moi lorsque j'étais enfant, lorsque l'institutrice m'a appelée au tableau.

D'autres facultés peuvent apparaître spontanément comme la clairaudience ou la clairvoyance. Certains phénomènes, notamment ceux liés à ce qu'on appelle la médiumnité à effets physiques, peuvent se produire sans même que la personne ait conscience d'avoir ces capacités, y compris chez les enfants. Il s'agit de phénomènes variés tels que des lumières ou des appareils électroniques qui s'éteignent/s'allument sans explication, des bruits ou des coups frappés dans les murs et les meubles, ou des mouvements et des déplacements d'objets.

La médiumnité chez les enfants

Quand la médiumnité se développe chez un enfant, le mieux est d'être simplement à son écoute. Écoutez ce qu'il a à vous dire, car les enfants ont besoin de pouvoir se confier sur ce qu'ils vivent. Demandez-lui ce qu'il entend, et ce qu'il voit, afin d'être au courant de ce qu'il vit. Puis, dites-lui simplement de ne pas y prêter attention.

Les enfants doivent vivre leur vie sans s'occuper de ces questions. Rassurez-le, dites-lui que ce qu'il vit peut arriver, mais qu'il ne doit pas s'en occuper, et surtout qu'il n'hésite pas à vous en parler si cela continue.

On me dit de faire de l'écriture automatique

De nombreuses personnes commencent l'EA parce qu'un médium leur dit de le faire. Parfois, le médium affirme que c'est le guide de la personne qui le demande, en affirmant qu'elle a les capacités pour communiquer directement avec lui, et qu'elle n'a donc pas besoin de passer par un intermédiaire.

D'après mon expérience, le fait que des Esprits *qui se disent être vos guides* vous demandent de vous lancer dans la pratique de l'EA, devrait vous inspirer **la plus grande prudence ;** à mon sens, des guides ne vous diront pas cela. Lorsque j'ai décidé de me lancer dans la pratique de l'EA, je l'ai fait parce que tout me dirigeait dans cette direction : les signes, mes ressentis, et l'expérience que j'avais vécue quand j'étais enfant. Nos guides n'ont aucun besoin de nous dire d'agir de telle ou telle façon : ils nous *guident* dans notre chemin de vie. Cela se fait de façon si subtile que nous n'en avons pas conscience.

Si un Esprit, un médium, ou quiconque vous demande d'agir d'une certaine manière, n'oubliez jamais que vous êtes entièrement libre de faire vos propres choix. De même, si vous consultez un médium et que celui-ci vous dit que votre être cher vous demande de communiquer directement avec lui parce que vous en avez la capacité, soyez également très prudents.

Vos êtres chers, une fois dans le monde spirituel, n'ont qu'une seule préoccupation : l'Amour. Ils souhaitent vous rassurer, vous faire savoir comment ils vont par la transmission d'un message au travers duquel vous pourrez le reconnaître. Il souhaite vous apporter espoir et consolation, afin de vous aider à surmonter la douleur de la séparation physique.

Donc, face à toute demande vous invitant à communiquer directement avec l'au-delà, soyez très prudents. Ne faites jamais quelque chose parce qu'on vous dit de le faire, et n'oubliez pas que l'on ne peut jamais être certains, lorsqu'on communique avec l'invisible, de l'identité de l'Esprit qui se manifeste.

Comment se protéger ?

Beaucoup de médiums débutants pensent que pour être bien protégé lorsqu'on communique avec le monde invisible, il faut prier en utilisant les bons mots, par exemple : « *Je demande à Dieu de me protéger contre les mauvais Esprits, et de permettre que je puisse entrer en communication avec mon guide spirituel ou mon ange gardien par l'écriture automatique* » ; puis remercier.

Il faut bien comprendre que les mots eux-mêmes n'apportent aucune protection. Lorsque j'ai été mystifiée, je prononçais des formules, des prières, j'invoquais les Esprits *au nom de Dieu*, j'allumais une bougie blanche, je portais sur moi des pierres de protection comme l'obsidienne œil céleste, la labradorite, et malgré ça, j'ai été mystifiée.

Il en est de même pour le sel, la sauge, l'encens, ou tout autre objet censé protéger le médium, cela n'a aucun effet contre les mauvais Esprits. Une prière ou une formule de protection quelle qu'elle soit ne nous protège pas si elle est juste prononcée. Elle doit *vibrer* en harmonie au plus profond de notre âme. Néanmoins, même si avoir une intention pure est primordiale, **elle ne sera pas suffisante pour nous protéger.** Seule l'étude sérieuse du spiritisme peut nous permettre d'acquérir les connaissances de base fondamentales sur les lois qui régissent la communication avec le monde spirituel, ainsi que les moyens de reconnaître les pièges, et donc, de s'en préserver. De même, ce n'est pas parce qu'un Esprit jure *au nom de Dieu* que ce qu'il dit est la vérité, que c'est vrai. Un Esprit peut jurer au nom de ce qu'il veut, sur tout ce qu'il veut, il peut promettre qu'il nous aime et que jamais il ne ferait quoi que soit pour nous tromper, cela ne prouve absolument rien.

Nous allons même aller plus loin : Selon les capacités médiumniques d'une personne, un Esprit peut déplacer un objet, faire clignoter la lumière, provoquer du bruit ou ouvrir une porte. Il peut, pour nous impressionner, choisir de faire une action de ce type au moment précis où dans son message, il jure *au nom de Dieu* que ce qu'il dit est la vérité. Encore une fois, cela ne prouve absolument rien.

Ce qui rend possible ce genre d'action d'un Esprit sur la matière, c'est simplement une catégorie de fluide développée par certains médiums que l'on appelle « médiums à effets physiques ». Lorsqu'on étudie sérieusement le spiritisme, tous ces effets qui semblent être à première vue extraordinaires nous apparaissent finalement pour ce qu'ils sont : des phénomènes *naturels,* encore méconnus par la science d'aujourd'hui, mais qui dans un avenir plus ou moins proche seront reconnus.

Le simple fait qu'un Esprit essaie de prouver que ce qu'il dit *est* la vérité, démontre justement qu'il ne s'agit pas d'un Esprit élevé. Lorsqu'on pratique la médiumnité dans une intention noble, avec sérieux, en toute connaissance des Lois qui régissent la communication avec le monde invisible, alors on se protège de la meilleure façon qui soit. J'aborde le sujet de la protection en détail un peu plus loin dans cet ouvrage.

Les révélations

Je l'ai déjà mentionné dans mon journal : les bons Esprits ne font *aucune révélation.* Ils ne diront jamais de *faits,* qu'ils soient passés, présents ou futurs. Pas de dates ni de délais. Voici quelques exemples qui vous permettront de vous en prémunir.

En ce qui concerne le passé, l'Esprit pourrait vous parler d'une vie antérieure, ou vous *révéler* des faits concernant des personnes de votre entourage. Dans le présent, cela peut prendre la forme de conseils sur certains aspects de votre vie, qu'il s'agisse de votre vie professionnelle, sentimentale, un projet de déménagement, etc, vous ne devez jamais faire quelque chose parce qu'un Esprit vous dit de le faire. Concernant le futur, il peut s'agir de n'importe quelle révélation concernant l'avenir, tous domaines confondus. Ne croyez jamais un Esprit qui vous ferait telle promesse ou telle prévision qui se réaliserait sous X délai.

Ce genre de message ne peut provenir que d'un Esprit inférieur. N'y accordez aucune importance, aucun crédit. Vivez votre vie sans y penser. Il faut vraiment prendre ça au sérieux, car lorsqu'un Esprit s'immisce dans votre vie, à coup sûr, c'est un Esprit inférieur, et le risque si vous lui accordez du crédit, si vous le laissez s'immiscer, c'est de voir votre vie se déliter… séparation, disputes avec vos proches qui entraîneront un éloignement, pertes en tout genre… je ne rentrerai pas dans les détails, mais c'est du vécu. Ne prenez pas ça à la légère. Ne prenez jamais une décision en suivant des conseils qui vous seraient donnés par un Esprit. Jamais. Bien entendu, ces conseils s'appliquent quel que soit le moyen employé pour entrer en communication avec l'invisible : écriture automatique, clairaudience, pendule, oui-ja, etc.

Un Esprit inférieur prendra toujours un masque. Il s'adressera à nous avec de belles paroles, se présentant comme notre guide, notre ange gardien, ou un Esprit qui nous veut du bien. Communiquer sans avoir auparavant les connaissances indispensables pour se protéger, peut représenter un réel danger pour une personne inexpérimentée. Il faut bien comprendre que la communication avec un Esprit est tout à fait semblable au fait de communiquer de manière virtuelle avec une personne sur internet ; au fil des communications, avec le temps, on commence à se sentir proche de cette « personne » ; nous allons donc rentrer de plus en plus dans une relation personnelle… et, plus on rentrera dans une relation de « confiance » avec cet Esprit, plus nous serons vulnérables.

Les communications avec le monde spirituel peuvent parfois prendre une forme très inquiétante ; cela peut aller jusqu'à annoncer notre mort ou celle d'un proche. Mais, l'Esprit le dira avec l'apparence de la douceur… « *Je t'aime, le fait de te l'annoncer est une torture pour moi... mais je veux que tu sois préparée dans l'unique but de t'aider à surmonter ça.* »

Une fois de plus, j'en ai fait l'expérience, et je vous assure que l'on peut vite se retrouver dans un état profond de désespoir. Les bons Esprits ne vous feront jamais de révélations, et c'est d'autant plus vrai pour les révélations à caractère funeste. Elles ne peuvent provenir que d'Esprits légers, menteurs, manipulateurs qui s'amusent à vos dépens, satisfaits de voir qu'ils arrivent à vous toucher. La seule réaction à avoir dans de telles circonstances, c'est de n'y accorder aucun crédit. Vivez dans l'instant présent, et ne vous laissez pas déstabiliser. Si on vous le dit lors d'un message en EA, arrêtez simplement d'écrire. Si vous sentez que l'on vous pousse à reprendre le crayon, c'est une preuve de plus qu'il s'agit d'un mauvais Esprit, et donc, une raison de plus pour vous battre et ne pas lui céder. Encore une fois, c'est du vécu.

Comment être sûr que l'on communique bien avec son proche défunt ?

Souvent, on pense que si l'Esprit avec lequel on communique donne des détails connus seulement de nous et du défunt, alors, il s'agit forcément de lui. C'est une erreur de croire cela. Les Esprits lisent dans nos pensées, donc si la situation est connue de nous, l'Esprit y aura également accès et pourra s'en servir afin de se faire passer pour notre être cher.

Mais alors, comment être sûr que l'on communique bien avec la bonne personne ? Eh bien, on ne peut pas. Il est impossible d'être certain à 100% lorsqu'on a affaire au monde invisible. Néanmoins, vous connaissez votre être aimé, son caractère, sa façon de parler, vous pouvez donc analyser le message. Restez vigilant, analysez-le froidement, puis soyez attentifs à ce que vous ressentez. Le ressenti, lors de la pratique médiumnique, est très important ; si lors de la réception du message une sensation de paix et de plénitude vous envahit, si vous avez ressenti une vague d'amour et d'émotion intense qui vous a fait monter les larmes aux yeux, alors c'est que le contact provenait probablement de votre être cher. Si, par contre, vous avez ressenti une sensation de lourdeur dans le bras, de la fatigue, ou si vous vous êtes senti nerveux, agité, et que vous êtes dans le doute, le contact ne provenait sûrement pas d'un bon Esprit. C'est à vous d'analyser, et de discerner.

En plus de l'attention que vous porterez à votre ressenti intérieur, vous devrez toujours analyser le contenu du message, dans la forme (le langage employé), ainsi que dans le fond (le fond des pensées et des idées). En matière de communication avec l'invisible, il convient de toujours analyser le message froidement et de manière totalement détachée, comme s'il était arrivé de façon anonyme dans votre boîte aux lettres.

Quelles sont les actions que les mauvais Esprits peuvent avoir sur nous ?

L'action qu'un mauvais Esprit peut avoir sur nous dépend des failles qu'il va trouver, et sur lesquelles il va pouvoir prendre prise.

Le premier danger en EA, c'est de faire confiance à un Esprit, de croire ce qu'il nous dit. Cela revient au même qu'accorder votre confiance à la mauvaise personne. Si vous faites confiance à quelqu'un que vous considérez comme votre ami, vous allez écouter ses conseils, prendre en compte son avis, pensant qu'il vous veut du bien ; mais si en réalité, cette personne derrière son apparente gentillesse est remplie de mauvaises intentions à votre égard, et souhaite vous voir "tomber", imaginez les conséquences qu'une telle relation pourra avoir dans votre vie… c'est la même chose avec les Esprits. Une mauvaise influence reste une mauvaise influence, qu'elle vienne d'un être vivant sur Terre, ou d'un Esprit désincarné.

Il ne faut surtout pas croire que les mauvais Esprits vont se montrer tels qu'ils sont avec leurs intentions perfides. Cela peut être le cas, mais en général, ils prennent des masques, utilisent de belles paroles, parlent d'amour. Ils sondent vos pensées, vos faiblesses, et s'en servent à la perfection à vos dépens en vous disant ce que vous avez *envie* d'entendre, dans le but d'obtenir votre confiance afin de vous aveugler, et de vous mystifier. Il faut toujours garder la tête froide, raisonner avec bon sens, sans aucun émotionnel ; analyser le contenu du message aussi bien dans la forme que dans le fond. Il est absolument nécessaire de modérer l'enthousiasme que l'on peut ressentir lorsqu'on débute la communication avec le monde invisible ; se forcer à une certaine discipline, et garder la tête froide pour notre propre bien.

Les mauvais Esprits ne peuvent pas avoir une influence néfaste sur nous s'ils ne trouvent pas de prise pour le faire, mais lorsqu'ils trouvent une faille, ils s'y engouffrent. La faille peut se présenter sous diverses formes : fragilité émotionnelle, manque de discernement, manque de connaissances sur les lois qui régissent les échanges avec le monde spirituel, ainsi que toutes les faiblesses et tendances morales inférieures liées à l'égo, en particulier l'orgueil… d'où l'importance de l'auto-perfectionnement. Dans tous les cas, les dangers en matière de communication avec l'invisible sont en grande partie dans l'ignorance des principes de la science spirite, il est donc primordial d'étudier.

L'animisme

Il peut arriver lorsqu'on se lance dans la pratique de l'EA que sur la feuille, l'Esprit écrive exactement nos pensées, ce qui donne alors l'impression de se parler à soi-même ; cela peut en effet être le cas, il s'agit d'animisme. Cela signifie que ce n'est pas un Esprit extérieur qui vient se manifester, mais le propre esprit du médium. Il faut être attentif, discerner. Si les lignes qui s'écrivent sur le papier correspondent exactement à nos pensées, alors il y a de fortes probabilités qu'il s'agisse d'animisme. Quoi qu'il en soit, ce n'est pas l'animisme que les médiums débutants doivent craindre, mais bel et bien les mystifications des Esprits inférieurs.

Les signes

Les Esprits peuvent-ils nous faire des signes afin d'attester leur présence ? Oui, absolument. Mais comment reconnaître qu'il s'agit bien d'un signe ?

La particularité d'un signe, c'est le ressenti intérieur qui l'accompagne au moment où il se produit. Ne cherchez pas le signe dans une forme extérieure, parce qu'il peut se manifester de mille et une façons ; ce qui compte, c'est qu'au moment où il se produit, il fait immédiatement *sens* en vous, et vous amène de suite à penser à votre être cher. Vous ressentez en cet instant une sorte de résonance intérieure, un sentiment fort que c'est votre être aimé qui se manifeste.

Pour la grande majorité d'entre nous, nous ne sommes pas habitués à porter attention à notre monde intérieur, et alors, nous doutons. Nous n'avons pas confiance en nos ressentis. Peut-être est-ce notre imagination ? Et que fait-on lorsqu'on doute ? Nous cherchons une confirmation à l'extérieur. Nous demandons à un parent, une amie, un collègue : *« Tu crois que c'était un signe ? »*

Mais ils n'ont aucun moyen de le savoir mieux que nous, simplement parce qu'ils ne peuvent pas *sentir* à notre place. Plus votre conscience s'éveillera, plus vos perceptions s'affineront. Le simple fait de lire ces lignes contribue à éveiller votre conscience, et vous allez ainsi être de plus en plus attentifs. Cette attention vous permettra de sentir, et de percevoir des impressions que vous ne perceviez peut-être pas jusqu'à maintenant. Apprenez à vous faire confiance. Il ne s'agit pas de voir des signes partout, ce n'est pas parce qu'une ampoule grille que c'est un signe, mais en étant attentifs à ce que vous ressentez intérieurement, tout en vivant votre vie normalement sans rien attendre, vous sentirez. Voilà de quoi il s'agit lorsqu'on dit que pour voir, il suffit de regarder, et que pour entendre il suffit d'écouter ; il ne s'agit pas de voir avec nos yeux et d'entendre avec nos oreilles, il s'agit *d'attention*. Être attentifs non seulement aux circonstances extérieures, mais aussi à nos ressentis *intérieurs*. Être à l'écoute avec notre *âme*.

Enfin, j'aimerais ajouter pour les personnes ayant perdu un être cher, et qui souhaitent entrer en contact avec lui : attention à l'attachement. L'EA est un moyen merveilleux qui permet grâce à un contact avec l'être aimé de savoir comment il va, comprendre que la vie continue, que le lien d'amour n'est pas rompu, et que le moment venu, nous nous retrouverons. Mais, ce qui peut être difficile après avoir reçu un message, et je le conçois fort bien, c'est d'accepter de ne plus en recevoir, et continuer à vivre notre vie. Communiquer avec ceux qui nous ont précédé dans le monde spirituel ne doit pas devenir un besoin, car ce ne serait bon ni pour nous, ni pour eux. Au contraire, le but d'un message est d'être libérateur, nous donner la force dont nous avons besoin pour continuer à vivre notre vie, et transformer la relation physique que nous avions, en une relation intérieure, de cœur à cœur.

Les rêves

Chaque nuit, pendant le sommeil, l'Esprit s'émancipe. Nous revenons chaque nuit à la vie spirituelle, et nous entrons en contact avec d'autres Esprits ; nos guides, des êtres chers désincarnés, et même des Esprits que nous connaissions avant notre incarnation, mais dont nous n'avons plus le souvenir pour le moment.

Il arrive, lors de certains rêves, que l'on garde le souvenir d'une rencontre avec un être cher qui laisse en nous une trace d'une grande intensité émotionnelle, au point que nous en ayons encore les larmes aux yeux en nous réveillant. Dans ce cas, cela démontre qu'il ne s'agissait pas d'un simple rêve, mais d'une rencontre, qui s'est réellement produite sur le plan spirituel. C'est un moyen qu'a trouvé notre être cher pour venir nous dire qu'il va bien, et qu'il nous aime. Le fait de pouvoir garder cette rencontre en mémoire est un cadeau du plan spirituel.

Je souhaite partager avec toutes les personnes qui souffrent suite à la perte d'un être aimé, ce très bel extrait tiré du livre *Recettes de paix*, de l'Esprit Joanna De Angelis, psychographié par le médium Divaldo Pereira Franco :

Même si la douleur de l'absence d'un être aimé emporté par la mort te fait terriblement souffrir,
projette ta pensée vers l'avenir qui vous réunira encore dans la vie au-delà de la vie.

*

La mort est un phénomène inévitable, mais c'est aussi une bénédiction qui permet l'union éternelle.

*

Ne sombre pas dans la révolte, ne blasphème pas face au deuil qui t'afflige.
Personne n'échappera à la désincarnation, ni à la souffrance.

*

Apaise la blessure ouverte de ta sensibilité, grâce à l'amour qui demeure et qui te permet de rester attaché à l'être aimé.

*

Tu pourras le contacter, une fois dépassée la première période de redressement et de rétablissement.
Prie, en t'élevant par la pensée, lui apportant de l'aide afin de le soutenir dans sa nouvelle condition spirituelle.

*

Alors que tu es encore incarné, vis de telle façon qu'au moment du départ tu te trouveras en paix.
Ceux qui t'ont précédé, t'attendront, heureux, le cœur plein de joie et de gratitude.

Dieu et les religions

*« Il n'importe guère qu'un être soit croyant ou non,
il est beaucoup plus important qu'il soit bon. »*
Dalaï Lama

Je n'ai jamais été attirée par la religion, je ne le suis toujours pas aujourd'hui. Je me sens bien plus à l'aise avec le terme de spiritualité. Je crois en un principe Supérieur à nous, une Énergie Créatrice, Source de toutes choses, en même temps Amour Inconditionnel, Connaissance Infinie, Sagesse, Justice, et puisqu'il faut bien mettre un mot sur cette Énergie de Vie, j'utilise le mot Dieu.

Néanmoins, peu importe le terme que l'on utilise ; si on se sent plus à l'aise de s'adresser à La Source, c'est parfait. Prenons les termes qui nous conviennent, car encore une fois, les mots ne sont que la forme, et ce qui compte, c'est le fond. Je crois en un Dieu Unique, un Dieu d'Amour au-delà de toute religion. Toutefois, il me semble important d'aborder la question des religions un minimum, afin de vous faire comprendre mes idées à ce sujet.

Il y a les religions des hommes d'une part, et de l'autre, ce lien intérieur qui vibre en nous et nous relie au Créateur. À mon sens, ce sont deux choses bien différentes…

Je constate que les différentes religions, même si elles prônent l'amour, la tolérance et la charité, divisent bien souvent les hommes et devient source de conflits, au lieu de les unir dans la fraternité.

Quelle que soit notre religion, nous sommes avant tout des êtres humains capables de penser, et de réfléchir par nous-mêmes. Le temps des dogmes et de la foi aveugle est révolu. Chacun de nous, en notre âme et conscience sommes amenés à nous poser la question : Qu'est-ce qui est bon ? Qu'est-ce qui est juste ? Quelle est la meilleure voie ?

Toutes les religions, toutes les philosophies et croyances sont bonnes à partir du moment où elles mènent au bien, à l'amour du prochain. Le professeur Howard Storm, lors de son expérience de mort provisoire, vit l'enfer et le paradis. Il témoigne de cette expérience dans son livre *Voir Paris et mourir,* dont voici un extrait :

Face à Jésus et aux anges, il leur posa cette question :
– *Quelle est la meilleure religion ?*

Ils répondirent :
– *Celle qui vous amène au plus près de Dieu.*

Howard :
– *Alors quelle est cette religion ?*

« Ce n'est pas tant la religion qui importe, mais ce que les individus font avec celle qui leur a été donnée. Les religions sont des véhicules qui vous emmènent vers une destination. Leur but consiste à trouver une relation personnelle avec Dieu. Il veut que nous L'aimions de tout notre être et que nous connaissions sa vérité. Si nous Le trouvons dans une relation intime, aimante, alors nous sommes sur la bonne voie. (...) La religion est seulement un moyen pour trouver Dieu. Elle n'est pas la destination.

La vraie religion est l'Amour de Dieu dans chaque mot, chaque pensée, chaque acte de la personne.

Il aime toutes les personnes et a du plaisir avec les religions qui Le cherchent en esprit et en vérité. Dieu abhorre le mauvais usage de la religion qui crée la division entre les peuples, qui justifie la violence, qui promeut l'orgueil dans l'autosatisfaction. Dieu est infiniment plus grand que toute religion. L'Esprit du Christ parle à tous les peuples en tout temps pour les conduire à Dieu. »

Regardons les choses en face, nous voulons tous la même chose : être heureux, aimer et être aimés dans des valeurs de respect, de tolérance, et laisser un monde meilleur à nos enfants.

Lorsque j'ai découvert le spiritisme, pour moi, ce fut une révélation. J'avais l'impression d'ouvrir les yeux pour la première fois après avoir vécu durant des années comme une somnambule. Bien sûr, j'avais ma famille, mes enfants, mon travail, mais ce que je veux dire c'est qu'avant, je vivais ma vie sans me poser de questions sur le sens profond de celle-ci. Avec la découverte des enseignements spirites, je pris soudain conscience du sens de ma vie, du sens de La Vie.

Il existe une multitude de spiritualités, d'enseignements, de cultures, de sagesses absolument magnifiques qui ont toutes pour point central l'élévation de notre âme, et la reconnexion avec le Divin. C'est à nous de trouver la voie qui nous touche le plus. Le peuple Maasaï par exemple, a beaucoup à nous apprendre. Il met en lumière le fait que tout commence à l'intérieur de nous-mêmes, et que la transformation de chaque être humain forme la base qui permettra de transformer notre société. Éveil des consciences, élan du cœur, travail de réforme intime.

« Soyez le changement que voulez voir dans dans le monde. »
Gandhi

Toutes les voies qui mènent au bien sont bonnes. Pour moi, c'est le cœur du spiritisme, son essence, les enseignements transmis sur le sens de la vie et sur son but, qui ont transformé ma vision de l'existence. Lorsque j'ai pris conscience de ma nature spirituelle, j'ai ressenti le besoin d'apprendre à aimer, et d'essayer de devenir la plus belle personne que je puisse être. J'avais désormais le désir de réussir ma vie, non pas socialement, comme j'avais pu le souhaiter auparavant, mais réussir ma Vie, spirituellement parlant. M'élever le plus possible. Désormais, je *sais*, j'ai *la certitude*, que les seules richesses que nous emporterons avec nous pour l'éternité sont nos richesses intérieures, les vertus et les qualités que nous aurons développées à force de travail et de volonté.

Le spiritisme n'est pas une religion, car il n'a ni dogmes, ni rites, ni cultes, ni hiérarchie. Il est compatible avec toutes les religions.

Le Spiritisme respecte toutes les religions, valorise les efforts pour la pratique du bien, travaille à la confraternité entre tous les hommes indépendamment de leur race, couleur, nationalité, croyance ou niveau culturel et social, et reconnaît que le véritable homme de bien est celui qui pratique la loi de justice, d'amour et de charité dans sa plus grande pureté.

Le spiritisme regroupe trois domaines étroitement imbriqués : la philosophie, la science et la religion, mais dans le sens étymologique du terme (religare - qui signifie : *ce qui relie l'homme à Dieu*). C'est un ensemble d'enseignements donnés par les Esprits supérieurs dans le but d'éclairer les hommes sur ces questions :

Qui sommes-nous ? D'où venons-nous ? Pourquoi sommes-nous sur terre ? Que deviendrons-nous et où irons-nous après cette vie ? Cette connaissance nous rend responsables, et nous invite à mener un mode de vie plus juste tourné vers le bien, en ayant non plus une foi aveugle, mais une foi éclairée, raisonnée, qui éveille en nous le désir d'appliquer dans nos vies de hautes valeurs morales, quelles que soient nos croyances ou notre religion. Peu importe que l'on soit juif, chrétien, musulman ou athée, du moment que l'on agit dans notre vie en appliquant la loi d'amour, c'est tout ce qui importe. Aujourd'hui sur Terre, bien peu de personnes connaissent véritablement le sens et le but de la Vie. En vertu de la loi de cause à effet, ce que nous faisons en bien ou en mal nous revient. Les Esprits témoignent de leur situation dans l'au-delà, et nous disent qu'ils souffrent du mal qu'ils ont fait durant leur vie, ou du bien qu'ils auraient pu faire et qu'ils n'ont pas fait. Il ne s'agit plus d'une croyance floue sur les peines et récompenses futures, mais d'un fait.

Dans le livre *Le Consolateur*, l'Esprit *Emmanuel,* guide de Chico Xavier, s'exprime en ces termes :

« *La religion est le sentiment divin qui se manifeste toujours à travers l'amour, dans ses expressions les plus sublimes.*

Alors que la science et la philosophie accomplissent l'œuvre d'expérimentation et de raisonnement, la religion édifie et illumine les sentiments. Les premières s'unissent dans la sagesse, la seconde personnifie l'amour, les deux ailes divines avec lesquelles l'âme humaine franchira, un jour, les portiques sacrés de la spiritualité. »

Les Lois Divines sont gravées en chacun de nous **dans notre conscience**. La religion est ce sentiment de cœur à cœur qui nous lie au Créateur, nous illumine, et nous apprend à aimer chaque jour un peu plus. Nous sommes responsables de nos pensées, de nos paroles et de nos actes, et nous pouvons les diriger vers le bien ou vers le mal. Aujourd'hui, le monde spirituel vient à nous pour nous aider à prendre conscience du but de la vie et de ce qui compte vraiment : apprendre à aimer. Nicole DRON et bien d'autres personnes ayant vécu une expérience de mort provisoire disent avoir vu un être de lumière qui leur a posé ces questions :

– Comment as-tu aimé ? Qu'as-tu fait pour les autres ?

Il n'y a rien de plus important. Nous pouvons développer en nous la paix intérieure, la foi qui nous apportera la force de surmonter les épreuves de la vie. Nous avons le choix face aux injustices et à la méchanceté de répondre par le calme, la tolérance et l'Amour. Bien sûr, c'est difficile, mais c'est possible si nous le voulons réellement, car ce n'est pas avec l'ombre que l'on parvient à éclairer l'obscurité ; c'est avec la lumière.

« Les religions s'effacent pour nous donner la religion éternelle, l'amour de la vérité, et notre expansion dans l'infini. »
Victor Simon

Qui sommes-nous ?

« La terre est ma patrie, et l'humanité ma famille. »
Khalil Gibran

Qui sommes-nous ? Cette question peut paraître simple et pourtant, elle est essentielle afin de comprendre le sens de la vie, et notre raison d'être sur la Terre. Chaque être humain est, à la base, un Être spirituel : quel que soit le nom que nous lui donnons, âme, Esprit, conscience… Nous venons tous du monde spirituel. Sur Terre, l'Esprit est incarné dans la matière, revêtu de son corps physique. Au moment du décès, il se désincarne : l'Esprit se sépare de son enveloppe charnelle et retrouve sa condition spirituelle. L'humanité comporte deux faces d'une même médaille, les deux faces de la Vie : l'humanité incarnée et désincarnée.

Ceux que nous aimons et qui nous ont précédés dans le monde spirituel sont toujours vivants, toujours présents ; nous ne pouvons simplement plus les percevoir ni les toucher comme nous le faisions auparavant, car ils se trouvent sur une autre fréquence vibratoire.

C'est comme lorsqu'on écoute la radio : nous captons seulement la fréquence sur laquelle nous sommes. Nos êtres chers désincarnés se trouvent sur une fréquence vibratoire différente de la nôtre, mais ils sont toujours là. La vie continue, nous restons tels que nous étions avant notre désincarnation ; la mort ne nous transforme pas ! Nous conservons de l'autre côté notre caractère, notre façon de penser, et également nos sentiments.

Avant notre naissance, notre chemin de vie était d'ores et déjà tracé ; nous l'avons choisi, ou accepté, mais nous n'en gardons aucun souvenir aujourd'hui, le voile de l'oubli a tout recouvert. Nous ne voyons plus que le *moi*, la personne que nous sommes aujourd'hui sur Terre avec notre caractère, nos sentiments, nos souhaits et nos projets liés à notre vie terrestre. Mais Nous sommes infiniment plus que cela : des Êtres immortels d'essence Divine, actuellement incarnés pour avancer sur le chemin de l'évolution.

C'est très important de comprendre que Nous avions connaissance de ce chemin de vie, et des épreuves qu'il nous faudrait surmonter ; parce que nos désirs actuels peuvent être en total désaccord avec le chemin de vie que notre âme a choisi, et nous serons toujours guidés selon ce qui est le mieux pour Nous, pour l'évolution de notre âme. Je sais que l'idée même d'avoir choisi ou accepté de vivre une épreuve qui aujourd'hui nous fait terriblement souffrir, semble inacceptable. Pourtant, essayons de nous élever plus haut, et de raisonner non pas en tant qu'être humain, mais en tant qu'être spirituel sur la voie de l'évolution.

Voici un extrait du livre *Idéal spirite*, de Francisco Candido Xavier et Waldo Vieira :

Où que tu sois, remercie le Seigneur, l'instrument de la purification.
Personne ne vit sans Lui.
Ici, c'est l'époux d'un caractère difficile.
Là, c'est la compagne dont la présence est désagréable.
Là-bas, c'est le fils rebelle.

Plus loin, c'est la fille inconséquente.
Aujourd'hui, c'est l'ami tombé dans l'incompréhension.
Demain, ce sera le chef rude.
Après, ce sera le subalterne distrait.
Maintenant, c'est le compagnon qui a déserté.
Plus tard, ce sera l'adversaire, te poussant à l'affliction.
Garde le silence, mets à profit, et poursuit ton chemin.
La pierre frappée par le marteau qui casse,
reçoit la dignité qui la rend utile à la construction.
Le métal doit la pureté qui lui est propre,
au creuset étincelant qui le martyrise.
N'oublie pas que le corps est le sanctuaire de possibilités divines,
dans lequel tu te réfugies temporairement
pour recueillir la leçon du progrès.
Chaque expérience conduit à une expérience plus grande.
Toute lutte est le pain spirituel
et toute douleur est l'impulsion à une sublime ascension.
Apprenons donc à amasser les dons de la vie,
en respectant les enseignements que le monde nous impose,
dans la certitude qu'entre l'humilité et le travail,
nous atteindrons un jour les sommets de la gloire éternelle.

L'époux difficile, l'enfant rebelle, le collègue désagréable, sont les instruments dont Dieu se sert pour nous aider à nous élever. Ils sont là pour nous apprendre la patience, la tolérance, le pardon, l'amour du prochain. Toutes les épreuves placées dans notre vie sont semblables au feu qui forge, ou au marteau qui sculpte. En conscience, avec notre cœur et notre âme, voyons-les aujourd'hui pour ce qu'ils sont : des compagnons d'évolution.

Dans le cas d'une personne ayant perdu un être cher (et cela est encore plus vrai lorsqu'il s'agit d'un enfant, car il n'existe pas de souffrance plus grande que celle-ci) on ne peut imaginer qu'un jour, à un autre niveau, nous ayons pu avoir connaissance de ce que nous allions vivre, et l'avoir accepté. Mais si un des buts de l'âme est de s'éveiller à l'immortalité durant son incarnation, le deuil fera probablement partie de son chemin de vie, car il déclenchera une recherche, des questionnements, un besoin de réponses :
Est-ce que tout finit au moment de la mort ? Y a-t-il quelque chose après ? Vais-je le retrouver un jour ?

Avant notre incarnation, nous avions connaissance de notre chemin de vie et des épreuves qu'il nous faudrait traverser ; nous savions alors que la séparation, la douleur et le chagrin seraient temporaires, que la mort n'existe pas, et que tout serait fait pour le mieux afin de parvenir au but que notre âme s'est fixée. Nous avions un grand recul, ou plutôt, une hauteur qui nous permettait d'avoir une perspective très différente.

On peut se demander pourquoi la perte d'un enfant vient frapper des personnes déjà convaincues de la survie de l'Esprit après la mort ;

il y a toujours une raison, même si pour nous cette raison demeure un mystère. Lorsqu'une telle épreuve surgit au sein d'un couple, l'un des conjoints peut avoir, malgré le chagrin et la douleur, une grande foi en la vie après la mort ; tandis que son conjoint se renfermera sur lui-même, et ne voudra pas en entendre parler. Sa mission sera alors de l'aider à évoluer, et éveiller sa conscience sur l'immortalité de l'âme. Il devra faire preuve de patience, de compréhension et d'amour pour soutenir son conjoint se trouvant dans des sentiments d'incompréhension et de révolte, tandis qu'il sera lui-même dans la douleur et le chagrin.

Il ne nous est pas donné d'avoir toutes les réponses. Cependant, je suis convaincue que lorsqu'on demande de tout notre cœur à être aidé et éclairé, alors, une aide nous est apportée. Nous avons tous un guide spirituel, n'hésitons pas à solliciter son aide lorsque nous nous trouvons dans une situation difficile : lui demander de nous donner la force qui nous manque, nous éclairer, et nous aider à prendre les bonnes décisions dans notre vie. Cette communication est subtile, mais réelle, et nous pouvons tous apprendre à la percevoir.

Nous sommes donc des êtres spirituels incarnés dans la matière pour évoluer, ce qui signifie que nous appartenons autant à la Terre qu'au monde spirituel. Nos deux mondes sont inter-reliés et indissociables. Nous sommes en relation constante avec le monde invisible, que nous en ayons conscience ou non.

Mais, pourquoi devons-nous nous incarner ? Ne pouvons-nous pas apprendre et évoluer tout en restant dans le monde spirituel ? Bien entendu, nous pouvons continuer d'apprendre dans la sphère spirituelle.

Cependant, il n'y a que dans le monde physique que nous pouvons véritablement évoluer : un monde dans lequel il y a de tout, du bon et du mauvais, dans lequel nous pouvons exercer notre libre-arbitre, lutter, résister aux tentations, développer nos vertus, nos qualités, et apprendre à aimer. Un monde dans lequel des épreuves se dressent sur notre route et nous donnent l'occasion de faire preuve de courage, de force, de persévérance ; un monde dans lequel surgissent des conflits, nous offrant ainsi l'opportunité de rester calme, de cultiver la paix intérieure, la tolérance et le pardon.

Durant notre vie sur Terre, les difficultés et les épreuves ne manquent pas, mais nous sommes entièrement libres de la réaction que nous allons adopter face à celles-ci ; c'est là que se trouve notre opportunité. Il n'appartient qu'à nous de les surmonter avec courage, ou de nous laisser aller au découragement. Quand on comprend que nous avons choisi ou accepté notre chemin de vie, et que tout est fait pour le mieux pour Nous, je pense que cela peut réellement nous donner la force de surmonter nos épreuves, quelles qu'elles soient, parce que nous savons dorénavant qu'elles ne sont pas vaines, qu'elles ont une utilité pour l'évolution de notre âme. Nous sommes tous guidés *en ce sens*, car c'est le but de la vie ; notre raison d'être sur cette Terre.

Si le poids des difficultés nous semble trop lourd à porter, ou lorsque nous ignorons comment agir face à celles-ci, demander de l'aide à notre guide spirituel peut beaucoup nous aider. Au-delà de nos sens physiques, nous avons nos sens psychiques, et c'est par le biais de nos ressentis intérieurs que notre guide communique avec nous. Par conséquent, quand une situation difficile surgit dans notre vie, il convient de l'analyser avec notre raison et notre cœur, tout en étant attentifs à nos ressentis intérieurs.

Nos guides sont dans l'amour inconditionnel, ce qui signifie qu'ils ne nous jugent pas, jamais. Ils nous regardent, tel un père regarderait son enfant commettre des erreurs, avec amour et compréhension. Ils veulent ce qu'il y a de mieux pour Nous, et nous guident en ce sens.

Notre guide communique également avec nous par le biais de l'expérience ; c'est pourquoi nous devons être attentifs à ce que nous vivons, notamment lorsque des situations similaires se répètent dans notre vie encore et encore, car bien souvent, il y a une leçon que nous devons comprendre. Notre conscience s'éveille, tout s'éclaire ; une force intérieure naît en nous, et nous aide à traverser les souffrances de la vie. En nous interrogeant sur le sens des expériences que nous vivons, en nous remettant en question et en travaillant à nous améliorer jour après jour, alors nous parvenons progressivement à ne plus répéter les mêmes erreurs ; et voici comment nous évoluons.

« Accepte ce qui est, laisse aller ce qui était,
et aie confiance en ce qui sera. »
Bouddha

Loi d'attraction et guidance spirituelle

« C'est au milieu de la difficulté que se trouve l'opportunité »
Albert Einstein

Au travers des expériences qui sont survenues dans ma vie, je suis aujourd'hui convaincue qu'il existe une inter-relation constante entre la Terre et le monde invisible. Bien que notre chemin de vie soit tracé avant même notre naissance, nous sommes toujours maîtres de nos décisions en vertu de notre libre arbitre, et d'autre part, nous sommes guidés par des Êtres spirituels qui veillent sur nous.

Qu'est-ce que la Loi d'attraction ?
Avant de m'éveiller à la spiritualité, j'avais lu de nombreux ouvrages sur ce qui est communément appelé *la loi d'attraction*. Plusieurs livres de Jerry et Esther Hicks (Abraham), *Le secret*, de Rhonda Byrne, et bien d'autres. J'avais essayé à l'époque, durant plusieurs mois, d'attirer dans ma vie par la pensée ce que je désirais ; notamment, plus d'argent. Je peux dire aujourd'hui que cela n'a jamais fonctionné.

On nous explique dans ces ouvrages qu'il faut, pour que la Loi d'Attraction fonctionne, penser intensément en permanence à l'objet de nos désirs (une meilleure santé, un nouveau travail, plus d'argent, une relation amoureuse, etc...) en faisant en sorte de nous sentir bien à chaque instant, comme si nous avions déjà l'objet de nos désirs, et avec une totale confiance dans le fait que l'univers le fera arriver dans notre vie. Selon cette loi d'attraction, l'Univers se réorganiserait grâce à la force de notre pensée, afin d'amener dans notre vie ce que nous désirons. L'expérience m'a montré que la loi d'attraction ne fonctionne pas ainsi. C'est une vision totalement étriquée, limitée à nos petits désirs terrestres liés à l'égo.

Au cours de ces années, je peux dire que j'ai véritablement pu voir la loi d'attraction agir dans ma vie ; j'affirme donc qu'elle existe, mais pas comme on nous la présente habituellement. À mon sens, cette « Loi d'Attraction » est le résultat de l'inter-relation constante qui existe entre la Terre et le monde spirituel ; cette loi de l'univers se situe au niveau **vibratoire** de l'être.

Nous émettons tous des vibrations, mais que signifie *vibrer* exactement ?

Notre état vibratoire correspond à notre état intérieur le plus profond. Il est impossible de tricher sur nos vibrations. Si, intérieurement, nous allons mal, mais que, extérieurement, nous sourions et faisons comme si tout allait bien, peut-être que notre interlocuteur ne s'apercevra de rien ; néanmoins nos vibrations, elles, seront à l'image de notre état intérieur. Il en est toujours ainsi. En matière de communication avec le monde spirituel, il existe une loi de syntonie au niveau des pensées, des intentions et des sentiments. Comprendre cette loi est primordial. Nous attirons à nous ce qui est *de même nature vibratoire*. Voilà pourquoi dans notre vie, nous devons être attentifs à nos pensées et à nos sentiments, avoir une intention pure dans tout ce que nous entreprenons et voir toujours le positif dans notre vie, quelles que soient les circonstances.

Néanmoins, il faut reconnaître qu'à certains moments de notre existence, lorsque les difficultés nous accablent, le chagrin et la douleur peuvent être si intenses qu'ils nous submergent. Dans ces moments, je demande à Dieu qu'il m'aide à avoir le courage et la force nécessaires afin de surmonter mes épreuves, et j'ai vraiment pu constater que, grâce à la force de la prière, une aide m'était apportée. Cette aide, bien qu'invisible, est réelle et très présente ; nous pouvons la *ressentir*.

Si vous traversez des moments difficiles, je vous invite vraiment à prier, quelles que soient vos croyances, même si vous êtes athée, car elle vous apportera toujours une aide précieuse afin de retrouver force et courage. Nous devons également apprendre à accepter le moment présent tel qu'il est, faire de notre mieux, car il est ce qu'il est. Il ne nous est pas possible de changer l'instant présent, mais nous pouvons essayer de le voir différemment, dans une autre perspective.

Je pense qu'il est capital d'apprendre à discipliner notre esprit, à ne pas nous laisser envahir par des pensées négatives : les repousser, se forcer. On y parvient progressivement, à force de persévérance et de volonté, en donnant au moment présent sa pleine valeur, en essayant toujours de faire de notre mieux quelles que soient les circonstances.

Dans le travail d'auto-perfectionnement, la prière tient une place fondamentale. Durant ces dernières années, l'aide et le soutien que j'ai reçus furent véritablement immenses, et je sais que je les dois autant à la prière, qu'à ma bonne volonté et à mes efforts. Cette aide est si précieuse que, désormais, je ne pourrais plus m'en passer.

Concernant le travail de réforme intime, nous considérons souvent notre caractère et nos défauts comme s'ils faisaient partie intégrante de nous-mêmes, comme si nous ne pouvions rien y changer :

– Je m'emporte facilement, je n'y peux rien !
– C'est mon caractère, je suis comme ça !

Mais c'est faux. Nous avons tous la possibilité de réformer notre caractère ; de nous transformer. Comment faire ? La volonté. Il faut le vouloir, puis travailler : fournir des efforts au quotidien. Nous vibrons ainsi ce désir d'amélioration au plus profond de nous-mêmes, et attirons des énergies (ou Esprits, entités - peu importe le terme que l'on utilise) qui viendront auprès de nous pour nous aider.

Concernant les épreuves et les difficultés de la vie, ce ne sont pas tant les circonstances qui comptent, mais plutôt, notre façon de les percevoir. Si deux personnes sont atteintes d'une grave maladie, l'une peut se laisser aller au découragement, au pessimisme, voir même à la révolte, tandis que l'autre préservera sa paix intérieure, consciente que si elle ne peut pas changer sa situation, elle peut cependant choisir de vivre pleinement l'instant présent. C'est possible d'apprendre à valoriser l'instant, à cultiver des pensées positives. Dirigez vos pensées vers tout ce qui va bien dans votre vie : avez-vous vos deux jambes ? Vos deux yeux ? Certains donneraient tant pour avoir cela...

Lorsqu'on ne se sent simplement pas la force de faire face à une épreuve douloureuse, prenons conscience que la prière peut considérablement nous aider. Une simple prière : « *Mon Dieu, je ne me sens pas la force ni la volonté de continuer. Je n'en peux plus.*

Pourtant j'aimerais être forte, mais je n'y arrive pas. S'il te plaît, aide-moi à acquérir cette force que j'aimerais tant avoir, mais que je n'ai pas. »

Vous n'imaginez pas le nombre *incalculable* de fois où j'ai prié en ce sens, et ça a porté ses fruits à chaque fois. Je vous assure que l'aide qui nous est apportée grâce à la prière est précieuse ; elle nous redonne des forces, du courage. Plus on est dans le désespoir, et plus nous devrions prier.

Abordons maintenant la question de la guidance spirituelle. Un jour, je lisais un article dans lequel certains scientifiques émettaient l'hypothèse que nos pensées, dirigées et focalisées vers un but précis, pourraient créer certaines circonstances dans l'univers. Nous aurions donc une capacité d'action sur le monde qui nous entoure, et sur les événements qui surviennent.

Personnellement, je suis convaincue que c'est le cas, mais à mon sens nos pensées ne sont pas la seule cause : Puisque nous appartenons autant au monde spirituel qu'à la Terre, que nous sommes en inter-relation constante avec le monde invisible, et qu'ils nous guident tout au long de notre vie, il me semble évident qu'il s'agit d'une ***co-création***. Voilà comment surviennent les coïncidences et les synchronicités. Il n'y a aucun hasard, il y a une guidance spirituelle. Ces synchronicités sont, j'en suis aujourd'hui convaincue, l'effet de l'action de nos guides spirituels. Au début, je me demandais comment cela était possible, comment ils s'y prenaient pour créer des synchronicités.

Nous sommes tous guidés dans nos vies, c'est ainsi qu'ils agissent. Mais, que signifie exactement « être guidé » ?

Ce que j'ai vécu ces dernières années, m'a permis de comprendre leur mode d'action. En fait, c'est si subtil que nous n'en avons absolument pas conscience. Nous sommes *influencés* à notre insu : ressentir l'envie d'agir d'une certaine manière, à un moment précis ; appeler telle personne, ou faire quoi que ce soit qui finalement, va mener à une circonstance précise qui n'aurait pas eu lieu si nous n'avions pas agi comme nous l'avons fait.

Je vais illustrer ce fait, en partageant avec vous une journée qui m'a marquée, que j'ai vécue bien des années avant de découvrir mes facultés médiumniques. C'étaient les vacances d'été, et nous étions en pleine canicule. J'étais seule à la maison avec mes enfants, et j'avais prévu d'aller faire une promenade avec eux pour profiter de la fraîcheur de la forêt, mais, *je ne sais pas pourquoi*, je n'y suis pas allée.

Peu de temps après, j'ai entendu le détecteur de fumée à l'étage se mettre à sonner : la salle de bains prenait feu. Nous avions un radiateur électrique branché, mais il ne servait pas ; mon fils avait laissé son t-shirt posé dessus, et j'imagine que ma fille, qui avait trois ans à l'époque, a surement dû appuyer sur le bouton *on* sans que je ne la vois. Le radiateur a chauffé, et le t-shirt a pris feu. Les flammes se sont propagées alentour, et avec la chaleur qu'il faisait à l'extérieur... si j'étais sortie en promenade comme je l'avais prévu, je n'aurais pas pu arrêter le feu, et je n'ose pas imaginer ce qui serait arrivé.

À l'époque, ma réaction a été de me dire :

« Heureusement que je ne suis pas sortie ! »

Aujourd'hui, je suis certaine que ce qui m'a poussé à rester à la maison cet après-midi-là, c'est la guidance spirituelle.

Nous sommes tous guidés, de façon si subtile que nous ne le remarquons pas. Néanmoins, lorsqu'on s'éveille à cette réalité et que nous observons avec attention les évènements qui surviennent dans notre vie, nous pouvons alors percevoir cette guidance, cette action du monde invisible sur le monde visible. Vous verrez que lorsqu'on est attentifs, l'existence de cette guidance devient une évidence.

Je comprends maintenant à quel point c'est une erreur d'essayer d'utiliser la Loi d'attraction en appliquant un processus mental, pour attirer à soi l'objet de ses désirs, dans le seul but d'une satisfaction personnelle.

Frédéric Lenoir, dans son ouvrage *Du bonheur*, dit :

« Être heureux, c'est apprendre à choisir. Non seulement les plaisirs appropriés, mais aussi sa voie, son métier, sa manière de vivre et d'aimer. Choisir ses loisirs, ses amis, les valeurs sur lesquelles fonder notre vie. Bien vivre, c'est apprendre à ne pas répondre à toutes les sollicitations, à hiérarchiser ses priorités. L'exercice de la raison permet une mise en cohérence de notre vie en fonction des valeurs ou des buts que nous poursuivons. Nous choisissons de satisfaire tel plaisir ou de renoncer à tel autre, parce que nous donnons un sens à notre vie - et ce, aux deux acceptions du terme : Nous lui donnons à la fois une direction, et une signification. »

Il est impossible d'exprimer avec des mots toute la transformation qui s'opère intérieurement lorsqu'on s'éveille à Dieu et au sens réel de la vie. Cette compréhension implique des devoirs, une responsabilité. On peut alors suivre le chemin qui mène au véritable bonheur, celui que je cherchais il y a des années, mais que je ne trouvais pas, simplement parce que je n'avais pas compris ce qu'il était. Le vrai bonheur n'est pas dans le confort matériel, la satisfaction de nos envies, la reconnaissance ou la réussite sociale, parce que le jour où l'on perd notre situation confortable, le bonheur lié à celui-ci disparaît lui aussi.

Je suis aujourd'hui convaincue que le véritable bonheur est directement lié au monde intérieur que nous développons jour après jour. Il y aura toujours des difficultés à traverser, des épreuves douloureuses à surmonter, mais lorsque nous sommes reliés à la Source, que l'on travaille activement à aimer et à cultiver un mode de vie plus juste, nous parvenons progressivement à acquérir cette force intérieure qui nous permet de rester stable en nous-mêmes, quelles que soient les circonstances. Cette force a une valeur inestimable, parce que peu importent les épreuves et les situations face auxquelles nous nous retrouverons, nous serons en mesure de les surmonter. Cette force, ce bonheur, et cette paix intérieure seront *en nous*, et personne ne pourra nous en priver.

Je citerai encore une fois Frédéric Lenoir :
« *La voie compte plus que le but : le bonheur vient en cheminant. Mais le voyage nous rend d'autant plus heureux que nous avons plaisir à progresser, que la destination vers laquelle nous allons est identifiée, et qu'elle répond aux aspirations les plus profondes de notre être.* »

Après avoir été mystifiée par les mauvais Esprits, le désir intense, ardent de m'améliorer et de travailler sur moi-même pour avancer vers la lumière, venait ***du plus profond de mon âme***. Durant toutes ces années de travail intérieur, et naturellement, encore aujourd'hui, tout ce que je fais je le fais du plus profond de mon cœur, du plus profond de mon être. Pouvoir apporter un peu de bonheur aux gens me nourrit intérieurement, quelle que soit la façon dont je peux apporter ce bonheur. Il n'y a rien de plus gratifiant que le sentiment d'avoir pu être utile à quelqu'un.

Dans les moments difficiles, le fait de savoir que mes épreuves ont un sens, qu'elles ne sont pas vaines, et que mon devoir est de faire de mon mieux dans ces moments-là, m'aide énormément à accepter.

Si vous vous sentez perdus dans votre vie et que vous ressentez un sentiment d'insatisfaction, alors rapprochez-vous de votre guide spirituel dans votre cœur, et demandez à être éclairés. Parlez-lui, comme si vous parliez à un ami très cher. Mettez de l'amour dans vos pensées, dans vos paroles et dans vos actes, car soyez certains que l'amour est le plus puissant moyen de créer du bonheur dans votre vie. Faites simplement cela, tout en travaillant sur vous-mêmes afin de devenir meilleurs un peu plus chaque jour, et laissez-vous guider.

« L'idéal et le matériel dans notre vie
me tiennent comme dans un champ de bataille,
où ce monde et le monde à venir seraient en lutte. »
Longfellow

La prière

« La prière est à notre âme ce que la pluie est à la terre. »
Jean-Marie Vianney, curé d'Ars

Bien souvent, dans l'esprit des gens, la prière est associée à la religion, et j'avoue qu'au départ j'ai eu beaucoup de mal. Comme je suis loin d'être une adepte de la religion, et que je considérais la prière comme un acte y étant lié, je ne me sentais pas à l'aise. Mais tout a changé. J'ai appris durant ces dernières années que la prière était très importante, et j'aimerais partager cela avec vous.

Mon guide m'a dit un jour que la chose la plus importante au monde, c'est l'Amour ; et la seconde, c'est la prière. Aujourd'hui, je peux dire que je ressens véritablement l'aide que la prière m'apporte au quotidien, et en toute sincérité, je ne pourrais plus m'en passer. Nous sommes loin de soupçonner à quel point la prière a une force considérable. Je ne parle pas de la prière apprise par cœur et récitée machinalement, je parle des mots que vous prononcez avec foi et ferveur du plus profond de votre cœur, lorsque vous levez votre regard vers le ciel.

La prière me permet de me confier, de livrer à Dieu, à mes guides, à mes êtres chers désincarnés tout ce que j'ai dans mon cœur : mes souhaits, mes craintes, ma gratitude… je m'adresse à eux en toute simplicité, de la même façon que lorsqu'on s'adresse à un parent aimé, ou à sa meilleure amie.

Il ne faut pas hésiter à les solliciter, quand on ne sait plus comment faire dans les moments difficiles, ou lorsqu'on se sent abattu et désespéré.

Rapprochons-nous d'eux dans notre cœur et nos pensées, demandons à être aidés, à ce que la force nous soit donnée pour surmonter nos épreuves, et que nous soyons éclairés afin d'agir au mieux. Une prière peut très bien se passer de mots ; c'est un élan du cœur. Pour les personnes qui ne savent pas comment prier, ou quels mots employer, voici un passage du livre *Histoire d'une âme*, de Thérèse de Lisieux :

« *Je fais comme les enfants qui ne savent pas lire : je dis tout simplement au bon Dieu ce que je veux lui dire, et toujours il me comprend. Pour moi, la prière c'est un élan du cœur, c'est un simple regard jeté vers le ciel, c'est un cri de reconnaissance et d'amour au milieu de l'épreuve comme au sein de la joie ! Enfin c'est quelque chose d'élevé, de surnaturel, qui dilate l'âme et l'unit à Dieu.* »

Personnellement, je vois la prière comme un pont, un moyen de nous rapprocher de Dieu, des Esprits élevés et des êtres chers qui veillent sur nous, pour leur permettre de nous aider dans nos difficultés, autant que cela leur est possible. Au-delà de prier pour nous-même, nous pouvons prier pour les autres, pour tous ceux qui en ont besoin, pour notre Pays, pour le Monde.

Qu'est-ce qu'une prière ? C'est l'expression d'une pensée dans laquelle on met tout notre cœur, et que l'on dirige.

Mais, avant de comprendre ce qu'est le phénomène de la prière, il nous faut avant tout saisir ce que sont nos pensées. Nos pensées sont des ondes, des radiations[3]. Leur vitesse de transmission est si rapide qu'elles sont captées immédiatement, partout dans l'univers. J'aimerais imager l'idée de cette façon :

Représentez-vous un lac. Si vous laissez tomber un petit caillou à un centimètre de la surface, sa chute produira de faibles cercles ; mais si vous prenez une grosse pierre et que vous la lancez de toutes vos forces, alors les cercles produits par sa chute auront un impact beaucoup plus important, et cet impact aura été induit par la force de votre geste. Il en est de même pour nos pensées. Imaginez que l'atmosphère dans laquelle nous vivons sur Terre, que tout l'espace qui nous entoure en permanence, est un lac invisible à nos yeux, mais bel et bien réel, et que chacune de nos pensées sont de petits cailloux lancés dedans. Comme nous sommes loin de supposer l'importance de nos pensées, il en résulte que nous pensons à tout et rien, au quotidien. Ces pensées sont alors semblables à de tout petits cailloux : elles ne produisent que de faibles radiations. Mais, lorsque nous prions, nous y mettons toute notre force, tout notre cœur, toute l'intensité de nos sentiments ; les radiations émises par nos pensées sont puissantes. En agissant ainsi, c'est comme si nous lancions dans le lac une grosse pierre très loin de toutes nos forces ; la seule différence, c'est qu'ici,

---

3 Si vous ne connaissez pas les travaux du Dr Masaru Emoto, je vous invite à écrire son nom sur internet, vous pourrez ainsi voir de vos yeux la force de la pensée sur de l'eau cristallisée.

nous ne mobilisons pas nos forces physiques, mais nos forces psychiques. Vous ne pouvez pas voir l'effet de vos pensées dirigées avec force dans ce lac invisible que l'on nomme Univers, cependant, l'impact est bel et bien réel. Chaque pensée émise est une vibration, une radiation, ou encore, un courant fluidique ou courant d'énergie, peu importe le nom qu'on lui donne ; elles se propagent comme des ondes. Lorsque nous prions avec ferveur de tout notre cœur, nous devenons un véritable foyer irradiant de lumière. Nous traçons un pont qui nous relie à la sphère spirituelle, à tous ces Êtres invisibles qui nous aiment et nous protègent. L'image du lac que j'ai donnée est très proche de la réalité. Le spiritisme nous apprend que nous baignons dans le fluide universel.[4] Ce fluide, bien qu'invisible, est présent partout, aussi bien sur Terre, que dans le monde spirituel. C'est le support de transmission des pensées, comme l'air est le support de transmission du son. Lorsque nous nous recueillons avec sincérité et humilité, le rayonnement de nos sentiments est transmis à travers le fluide universel, créant ce pont de lumière qui permet ainsi aux énergies de consolation, de force et d'amour d'arriver jusqu'à nous, pour nous aider à traverser les épreuves placées sur notre chemin pour l'élévation de notre âme.

Lorsque je recevais en consultation, régulièrement, des personnes ayant perdu un être cher me demandaient : « *Dites-lui que je l'aime.* » Mais, elles n'ont pas besoin de moi pour s'adresser à leur être aimé. Le lien d'amour est ce qu'il y a de plus fort dans l'Univers.

---

4 Le fluide cosmique universel est un fluide éthéré qui remplit l'espace et pénètre les corps. Il est considéré dans le spiritisme comme étant la substance primitive, génératrice de tous les corps, mais diversifiée dans ses combinaisons.

Ainsi, si un de vos proches s'en est allé, sachez que lorsque vous pensez à lui, que vous lui parlez, il vous entend. Il capte vos pensées et vos prières immédiatement, où qu'il soit. L'amour est le lien qui unit tous les êtres entre eux, incarnés et désincarnés, et ce lien ne sera jamais rompu. C'est tellement consolant de savoir qu'il y a près de nous des êtres qui, bien qu'invisibles, nous aiment, nous soutiennent, et nous aident autant qu'ils le peuvent dans nos difficultés…

Donc, lorsque vous vous trouvez dans une situation difficile, douloureuse, et que vous vous sentez découragés, n'hésitez pas à prier. Pas pour demander que cessent vos difficultés, car une prière ne saurait en aucune façon supprimer une expérience de vie, mais prier pour demander de l'aide, de la force, du courage, afin d'arriver à surmonter vos épreuves terrestres. Une prière ne doit pas être une demande de fins, mais une demande de moyens. L'action de la prière dans les secours qu'elle peut nous apporter n'a pas de limites. Si vous ne croyez pas en Dieu, vous pouvez toujours le formuler ainsi :

« *Si jamais vraiment tu existes, alors aide-moi. Donne-moi la force, le courage...* » soyez certains que vous serez entendus, et qu'une aide vous sera apportée, parce que l'Amour que Dieu nous porte n'a aucune limite.

La prière peut vous apporter tellement de réconfort, de courage pour supporter les épreuves de la vie … ne vous privez pas du soutien précieux que le ciel peut vous offrir ! Ne vous souciez pas de la forme, seul le fond compte. Si vous élevez vos pensées dans un moment de silence et de recueillement, vous êtes en prière. Si vous cherchez à faire le bien au quotidien, vous êtes aussi en prière.

Celui qui ne prie pas n'a aucune idée de l'aide que celle-ci pourrait lui apporter dans les moments de souffrance et de désespoir. Ne me croyez pas sur parole ! Essayez, levez votre regard vers le ciel, votre cœur vers les étoiles, et demandez.

La prière est comme un pont de lumière qui permet au monde spirituel de nous apporter le soutien, la force, et le courage dont nous avons besoin. Ce n'est pas un acte mystique, c'est un acte vibratoire autant scientifique que spirituel. Lorsque nous prions, nous appliquons la loi universelle des vibrations qui relie par la pensée et le sentiment tous les êtres, incarnés et désincarnés, dans un élan d'Amour.

> « *L'esprit s'enrichit de ce qu'il reçoit ;*
> *le cœur de ce qu'il donne.* »
> *Victor Hugo*

Le spiritisme

« Le but essentiel du spiritisme est l'amélioration des hommes. »
Allan Kardec

En France, l'immense majorité des gens ignorent ce qu'est véritablement le spiritisme. Ils l'associent au ouija, au jeu du verre, à des pratiques obscures et dangereuses. Très peu le connaissent pour ce qu'il est réellement : une science qui traite de la nature, de l'origine, de la destinée des Esprits, et de leurs rapports avec le monde corporel. Je souhaite aujourd'hui vous le faire découvrir dans ses grandes lignes.

Premièrement, il convient de situer que les phénomènes spirites ont existé de tout temps. On trouve des récits de voix, de visions et d'apparitions dans la Bible, et dans les livres sacrés de tous les peuples, ils ne sont donc pas nouveaux. Cependant, ces faits sont restés enveloppés d'un parfum de mystère. Il appartenait à notre époque d'analyser ces phénomènes, d'en comprendre toute la portée, et d'en faire ressortir la lumière qui devait éclairer la route de l'humanité.

Le spiritisme nous fait connaître le monde invisible qui nous entoure, ses rapports avec notre monde, la nature des êtres qui l'habitent, et nous démontre par des faits qu'il est possible de communiquer avec eux. Il éclaire l'homme sur sa destinée après la mort, et en cela, on peut dire que c'est une véritable révélation.

Le mot révélation vient du latin *revelare* dont la racine est *velum / voile*, ce qui signifie littéralement *sortir de dessous le voile*, mettre au grand jour une chose ignorée. Par sa nature, le spiritisme tient autant de la révélation divine que de la révélation scientifique. Les Esprits supérieurs chargés par Dieu d'éclairer les hommes sur des choses qu'ils ignoraient et ne pouvaient apprendre par eux-mêmes, sont venus enseigner les points fondamentaux de la doctrine spirite, au moment où nous fûmes suffisamment mûrs pour les comprendre. Mais, cet enseignement a-t-il simplement été dicté de toutes pièces et imposé à la croyance aveugle ? Non, et c'est en cela que réside sa force.

Lorsqu'Allan Kardec (de son vrai nom Hippolyte Léon Denizard Rivail), pédagogue français, s'est consacré à la tâche d'analyser et de codifier les milliers de communications spirites reçues par des médiums, il agit en positiviste, en appliquant la méthode expérimentale.

Voici ce que dit Allan Kardec dans son ouvrage *La Genèse selon le spiritisme* :

« Des faits d'un ordre nouveau se présentent qui ne peuvent s'expliquer par les lois connues ; le spiritisme les observe, les compare, les analyse, et des effets remontant aux causes, il arrive à la loi qui les régit ; puis il en déduit les conséquences et en cherche les applications utiles. Il n'établit aucune théorie préconçue ; ainsi, il n'a posé comme hypothèses, ni l'existence et l'intervention des Esprits, ni le périsprit, ni la réincarnation, ni aucun des principes de la doctrine; il a conclu à l'existence des Esprits lorsque cette existence est ressortie avec évidence de l'observation des faits ; et ainsi des autres principes. Ce ne sont point les faits qui sont venus après coup confirmer la théorie, mais la théorie qui est venue subséquemment expliquer et

résumer les faits. Il est donc rigoureusement exact de dire que le spiritisme est une science d'observation, et non le produit de l'imagination. »

Allan Kardec, par un travail d'observation très rigoureux, a observé et analysé ces phénomènes. Le spiritisme est donc une véritable révélation dans l'acception scientifique du terme, car les points fondamentaux de la doctrine spirite tels que l'existence des Esprits, leurs manifestations, le périsprit, la réincarnation, ne sont pas des théories. Ils sont ressortis de l'observation des **faits**. Ainsi, on peut dire que ce qui caractérise la révélation spirite, c'est que la source en est divine, que l'initiative appartient aux Esprits, et que l'élaboration est le fait du travail de l'homme.

Lorsque j'ai commencé à étudier le spiritisme, je n'imaginais pas son étendue. Je souhaitais découvrir le fonctionnement scientifique des phénomènes, comprendre de quelle manière l'Esprit s'y prend pour écrire par ma main, et comment les visions se manifestent. J'ai bien entendu trouvé les réponses à ces questions, mais bien au-delà de ça, j'ai été éclairée sur le sens profond de la vie.

J'ai découvert un ensemble d'enseignements répondant aux grandes questions de la vie, révélées par le monde spirituel dans le but d'éclairer les hommes : Qui sommes-nous ? D'où venons-nous ? Pourquoi sommes-nous sur Terre ? Quel est le sens de la vie, de nos épreuves, de nos souffrances ? Quel est son but ? Que se passe-t-il au moment de la mort ?

Les enseignements spirites ont énormément raisonné en moi, parce qu'ils parlaient à la fois à mon cœur, et à ma raison. On ne me demandait aucune foi aveugle ; au contraire, on m'expliquait. Petit à petit, ma conscience s'est ouverte. Une foi forte a commencé à naître en moi, une foi raisonnée. Je croyais, car tout était logique et cohérent, et aussi parce que j'ai pu constater par moi-même la vérité de certains des enseignements, notamment dans le cadre de la médiumnité.

Je pense que le spiritisme a une importance capitale pour l'humanité. Un monde nouveau se révèle à nous, et les conséquences de ces échanges nous touchent *tous* sans exception, car il n'y a pas une seule personne qui ne doive un jour quitter ce monde.

Le spiritisme couvre trois domaines étroitement imbriqués :
La philosophie, la science, et la religion (dans le sens étymologique du terme -*religare*- qui signifie *qui relie l'homme à Dieu*).

Je reprends ces paroles de l'Esprit *Emmanuel* -guide de Chico Xavier-, extraites de l'ouvrage *Le Consolateur*, qui définissent à merveille, selon moi, ce qu'est le spiritisme :

« *Nous pouvons considérer le spiritisme, symbolisé de cette manière, comme un triangle de forces spirituelles. La science et la philosophie insufflent à la Terre cette figure symbolique, dont la religion est l'angle divin qui la relie au ciel. Sous l'aspect scientifique et philosophique, la doctrine sera toujours un noble terrain d'investigations humaines, comme d'autres mouvements collectifs de nature intellectuelle qui visent le perfectionnement de l'humanité. Toutefois, c'est dans son aspect religieux que repose sa grandeur divine qui consiste en la rénovation de l'évangile de Jésus-Christ, à la base de la transformation définitive de l'homme, face à l'éminence de son immense avenir spirituel.* »

L'observation des phénomènes spirites nous renseigne sur leur nature d'une part, et sur leur portée morale d'autre part. Et, j'insiste bien sur la **portée morale**, car les gens ne retiennent en général que les faits, en apparence extraordinaires, sans considérer sa philosophie. Cependant, communiquer avec des Êtres supérieurs ne sert strictement à rien si l'on n'écoute pas les sages conseils qu'ils nous donnent, et si l'on ne travaille pas activement à les mettre en pratique.

Voyons maintenant les grandes lignes du spiritisme sous ses trois aspects : Science, Philosophie et Religion.

Science

Nous assistons de nos jours à un rapprochement entre la science et la spiritualité. Les témoignages liés aux expériences de mort provisoires, les contacts médiumniques, les VSCD (vécus subjectifs de contacts avec des défunts), sont de plus en plus nombreux. L'hypothèse selon laquelle la conscience serait indépendante du cerveau et survivrait après la mort du corps, est la seule qui puisse expliquer l'ensemble de ces phénomènes. Je pense que c'est un des points qui fait la force du spiritisme, car il parle non seulement au cœur, mais à la raison. Sa philosophie est basée sur des **faits**.

Lorsqu'un message de l'au-delà est transmis par un médium qui ne connaît rien de nous ni de notre vie, dans lequel sont contenus de nombreux signes d'identification tels que noms, prénoms, surnoms, dates, circonstances, détails personnels, et même des informations inconnues de la famille et qui pourtant se vérifient par la suite, je pense qu'on peut parler de faits. Ces messages sont une aide précieuse pour toutes les personnes dans la souffrance du deuil, car ils démontrent que rien n'est terminé, que notre être cher est toujours vivant, mais simplement hors de notre portée, comme parti en voyage dans un pays lointain. Il peut communiquer avec nous, nous donner de ses nouvelles. Voilà pourquoi, pour toutes celles et ceux qui se retrouvent dans un gouffre de tristesse et n'arrivent plus à avancer dans la vie, ces messages sont comme un phare au milieu de la nuit.

L'exemple rayonnant de cette vérité est la vie du médium Francisco Candido XAVIER (*dit Chico XAVIER*), né à Pedro Leopoldo au Brésil le 2 avril 1910, et désincarné le 30 juin 2002. Des dizaines de milliers de messages médiumniques transmis, dont l'authenticité est irréfutable. Quarante-cinq d'entre eux furent étudiés scientifiquement dans l'ouvrage *A vida triunfa (Le triomphe de la vie)*, de Paulo Rossi Severino NOBRE, pour lesquels le taux d'erreur sur les informations contenues dans les messages est de 0 %. Plus de quatre cents ouvrages psychographiés, vendus à plus de cinquante millions d'exemplaires, pour lesquels il n'a jamais touché le moindre centime ; la totalité des droits d'auteur fut reversée à des œuvres de charité, tandis qu'il vivait avec son maigre salaire de secrétaire au ministère de l'Agriculture.

La science dans les phénomènes spirites est une science d'observation. Des phénomènes intelligents se produisent que nous ne pouvons pas expliquer par les lois connues. Or, il n'y a pas d'effet sans cause, et tout effet intelligent provient forcément d'une cause intelligente. La science proprement dite étudie les lois du principe matériel ; le spiritisme s'occupe de l'étude des lois du principe spirituel, qui fait partie des forces vives de la nature, en lien avec le principe matériel. La connaissance de l'un ne peut donc pas être complète sans celle de l'autre. La science sans le spiritisme se trouve dans l'incapacité d'expliquer certains phénomènes par les seules lois de la matière, tandis que le spiritisme sans la science manquerait d'appui et de contrôle.

On peut donc dire que le spiritisme et la science se complètent. Cependant, dans l'étude des phénomènes spirites, nous devons comprendre que ces phénomènes sont produits par des êtres intelligents, ayant leur libre arbitre et leur volonté propre. Ils ne sont pas soumis à notre volonté, et, en conséquence, nous devons étudier ces faits lorsqu'ils se produisent. Les Esprits nous mettent sur la voie de la vérité, en provoquant des phénomènes qu'il nous appartient d'observer et d'étudier. En revanche, ils s'abstiennent de révéler ce que nous pouvons découvrir par nous-mêmes, à force de travail. Ils nous fournissent les matériaux dont nous avons besoin, et nous laissent acquérir l'expérience, parfois même, à nos dépens.

Voici un extrait du livre *Le spiritisme incompris*, de Léon Chevreuil : « *Il est plus facile de nier que d'expliquer. Beaucoup emploient le mot de spiritisme, mais très peu le connaissent véritablement. La connaissance spirite apporte à la morale un appui incontestable. Elle nous montre le but certain de la vie et supprime la crainte de la mort. Ce qui fait la puissance du spiritisme, outre la beauté et la cohérence de ses enseignements, c'est l'observation expérimentale des faits. C'est véritablement une science expérimentale, mais indissociable de la morale, faite dans un but utile: Comprendre les manifestations spirites, dans une démarche noble, de recherche, de progrès. Une recherche basée sur la simple curiosité, avec la présence de pseudo-scientifiques qui n'assistent que dans l'espoir de poser des questions ou plutôt des objections, a toutes les chances d'être infructueuse. De telles personnes n'attireront jamais une collaboration de l'au-delà. Il faut un puissant motif pour attirer les Esprits sérieux. Celui qui prétendra se faire ouvrir les portes sans n'avoir rien étudié, sans avoir été amené là par l'amour le plus pur de la vérité et les plus nobles intentions, frappera en vain* ».

Les Esprits supérieurs nous enseignent qu'il existe deux éléments généraux dans l'univers : l'esprit et la matière, et au-dessus de cela, Dieu, le Créateur. Ils forment le principe de tout ce qui existe.

Cependant, à l'élément matériel, il faut ajouter *le fluide universel*, intermédiaire entre l'esprit et la matière proprement dite, trop grossière pour que l'esprit puisse avoir une action sur elle. Nous apprenons également que ce qui donne vie à la matière, c'est *le principe vital* qui a sa source dans le fluide universel. Le principe vital est un agent qui, lorsqu'il s'unit à la matière, produit la vie. Cet agent sans la matière n'est pas la vie, de même que la matière ne peut vivre sans cet agent. Le principe vital contient à l'état latent *la vitalité*, mais il faut qu'il s'unisse avec la matière pour produire la vie.

Notre corps est une machine grandiose. Le principe vital est la force motrice qui donne l'impulsion de vie aux organes, et à leur tour, ils entretiennent et développent l'activité de l'agent vital. Lorsque les organes cessent de fonctionner, ou quand ils sont trop grandement endommagés, le fluide vital devient impuissant à leur transmettre l'impulsion de la vie, et l'être meurt.

Cependant, ce n'est pas parce qu'un être vit qu'il est intelligent. Une plante vit, mais ne pense pas, elle n'a que la vie organique. L'intelligence a besoin des organes matériels pour se manifester, mais il faut également que la matière soit unie à l'*esprit*. Élément matériel et élément spirituel, voilà les deux principes, les deux forces vives de l'univers. Le spiritisme démontre cette union par des preuves irrécusables.

Mais, qu'est-ce qu'un Esprit exactement ? Et, comment peuvent-ils se manifester ? Dieu a créé les Esprits qui sont les Êtres intelligents de la Création, l'individualisation du principe intelligent. Ce sont des êtres définis, ayant une enveloppe semi-matérielle qu'ils puisent dans le fluide universel, et que les spirites nomment *périsprit* ; on peut également parler de corps énergétique, ou corps spirituel. Cette enveloppe fluidique de l'âme, bien qu'invisible et impondérable pour nous dans son état normal, n'en est pas moins de la matière, mais à un niveau subtil, éthéré, que nous n'avons pas encore pu soumettre à analyse, mais dont nous pouvons observer l'existence lors des manifestations spirites, par exemple grâce aux matérialisations.

On peut dire que l'homme est un être en trois parties :
L'âme (ou Esprit) : principe spirituel dans lequel réside le sens moral et l'intelligence, le périsprit : enveloppe fluidique, intermédiaire entre l'esprit et le corps, et le corps physique.

Pendant l'incarnation, le périsprit constitue le lien entre l'esprit et le corps physique. C'est l'intermédiaire de toutes les sensations perçues par l'Esprit, et celui par lequel l'âme transmet sa volonté et agit sur le corps. Au moment du décès, l'Esprit se dépouille de son corps physique comme d'un vieux vêtement, mais il conserve son enveloppe fluidique.

Voici ce que dit Allan Kardec (question n°76 du livre des médiums) : Lorsqu'on a la volonté d'agir matériellement sur un point quelconque placé à distance, c'est la pensée qui veut, mais la pensée seule n'ira pas frapper ce point ; il lui faut un intermédiaire qu'elle dirige : un bâton, un projectile, un courant d'air, etc. Remarquez même que la pensée n'agit pas directement sur le bâton, car si on ne le touche pas, il n'agira pas tout seul.

La pensée, qui n'est autre que l'Esprit incarné en nous, est unie au corps par le périsprit ; or, elle ne peut pas plus agir sur le corps sans le périsprit, qu'elle ne peut agir sur le bâton sans le corps. Lorsqu'un Esprit est désincarné, il lui faut un auxiliaire étranger ; cet auxiliaire est le fluide universel à l'aide duquel il rend l'objet propre à suivre l'impulsion de sa volonté. Pour pouvoir agir sur la matière, ils ont comme instrument direct leur périsprit, qui est pour eux ce que le corps est à l'homme. Comme agent intermédiaire, ils ont le fluide universel sur lequel ils agissent, tout comme nous agissons sur l'air pour produire des sons et des vibrations.

L'univers entier baigne dans ce que les spirites appellent *le fluide universel*. Il correspond à l'image du lac invisible dont j'ai parlé dans le chapitre sur la prière. Le fluide universel est le principe élémentaire de toutes choses, la base de la matière telle que nous la connaissons. Il se trouve partout et pénètre autant le monde matériel, que le monde spirituel.

Pour qu'un Esprit puisse se manifester, faire entendre des bruits, déplacer des objets, il combine une partie du fluide universel avec le fluide animalisé[5] dégagé par le médium. Tous les incarnés ont en eux cette source de fluide vital, source dont les Esprits désincarnés sont dépourvus. Cette énergie fluidique leur sert de force motrice pour se manifester, il faut l'union de ces deux fluides afin que le phénomène

---

5 *l'énergie fluidique animalisée correspond au fluide vital associé à la matière. C'est le fluide contenu dans les aliments que nous mangeons, dans l'air que nous respirons, dans l'eau que nous buvons.

puisse se produire. Par exemple, si un Esprit veut soulever une table, il combine le fluide universel avec le fluide animalisé dégagé par le médium, et les soumets à l'impulsion de sa volonté. Il anime ainsi momentanément la table d'une vie factice et peut, selon sa volonté, la soulever, faire entendre des coups dans le bois, la déplacer, etc.

C'est la même chose pour le ouija ; l'Esprit anime la planchette pour la faire aller vers les lettres qu'il souhaite. Les objets utilisés par l'Esprit, une fois les fluides combinés, ***répondent à l'impulsion de sa volonté***. Lorsque le fluide rendu disponible par le médium n'est plus en quantité suffisante, le phénomène cesse. On peut donc dire que la cause du phénomène est l'Esprit, et que son moyen d'action est le fluide universel, combiné au fluide animalisé dégagé par le médium, *consciemment ou inconsciemment*, car ce phénomène peut se produire avec une personne qui n'a pas conscience d'avoir ces facultés.

Léon Denis nous dit dans son livre *Christianisme et spiritisme* :
« *Dans les phénomènes spirites, les médiums jouent un rôle comparable à celui des piles en électricité. Ce sont des producteurs, des accumulateurs de fluides, en qui les Esprits puisent les forces nécessaires pour agir sur la matière.* »

De nombreuses recherches ont été menées dans le cadre de l'expérimentation des phénomènes spirites, par des savants et des hommes de renom, notamment : William Crookes, physicien éminent à qui l'on doit la découverte de la matière radiante et qui a dit au sujet des faits spirites « *Je ne dis pas que cela est possible, je dis que cela est* » ; Frédéric Myers, président de la Psychical Research Society ; Oliver Lodge, recteur de l'université de Birmingham ; Camille

Flamarion ; le colonel De Rochas ; Russel Wallace, qui pourtant au début était un parfait matérialiste ; le professeur Charles Richet ; le professeur Lombroso, qui après avoir longtemps contesté la possibilité des faits spirites a, après étude, reconnu publiquement leur réalité ; le Dr Gustave Geley qui étudia les phénomènes de matérialisation, et dont des empreintes ont pu être conservées grâce au procédé décrit ci-dessous (en collaboration avec le médium Franek Kluski) :

L'Esprit se matérialisait et plongeait un membre, sa main par exemple, dans un récipient d'eau chaude sur laquelle flottait une fine couche de paraffine fondue ; un moule se formait autour du membre et durcissait rapidement au contact de l'air, ou plongé dans un récipient d'eau froide, puis l'Esprit se dématérialisait et le moulage restait vide. Par la suite, du plâtre était coulé dans le *gant* obtenu afin de conserver l'empreinte de cette matérialisation. La position des doigts montre qu'il aurait été impossible à un humain de retirer sa main sans casser le moule qui s'était formé autour de celle-ci. Ces moulages sont conservés à l'Institut métapsychique international. Ces expériences furent menées avec la plus grande rigueur, afin qu'il n'y ait aucun doute sur l'authenticité des phénomènes.

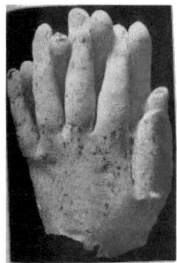 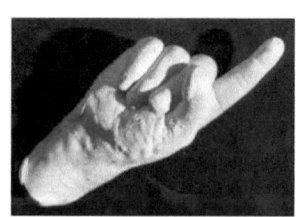 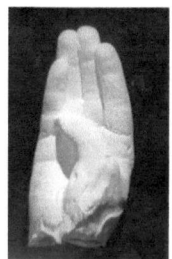

Elles prouvent l'existence du périsprit, enveloppe fluidique semi-matérielle, invisible dans son état normal, mais ayant la capacité de se matérialiser. Voici la preuve expérimentale qu'il existe un corps spirituel formé d'une matière subtile, éthérée, ayant la propriété de passer de l'état fluidique à l'état solide, et réciproquement.

Gabriel Delanne dans son livre, *Le phénomène spirite*, s'exprime en ces termes : « *Le spiritisme est une science qui a pour objet la démonstration expérimentale de l'existence de l'âme et de son immortalité, au moyen de communications avec ceux que l'on a improprement appelé « les morts ». Depuis bientôt un demi-siècle que les premières recherches sur ce sujet ont été entreprises (le livre date de 1893), des hommes de science de la plus haute valeur ont consacré de longues années d'études à constater les faits qui sont la base de cette science, et ils ont été unanimes à affirmer l'authenticité certaine de ces phénomènes, qui semblaient les fruits de la superstition et du fanatisme. On ne connaît pas ces recherches en France, ou on les connaît mal, de sorte que le spiritisme reste toujours, aux yeux du grand public, la farce des tables tournantes. Cependant, le temps a fait son œuvre, et cette doctrine présente aujourd'hui à l'examinateur impartial une série d'expériences rigoureuses, méthodiquement conduites, qui prouvent d'une manière certaine que le moi humain survit à la désagrégation corporelle.* »

Philosophie

Où peut-on trouver la preuve de l'existence de Dieu ? Dans cet axiome : Il n'y a pas d'effet sans cause.

Je vous invite, si vous ne croyez pas en Dieu, à contempler ce qu'il y a de plus beau dans l'Univers, ce qui vous parle ; l'océan, la galaxie, la nature, ou encore la vie qui permet à une simple graine mise en terre de devenir une plante... puis demandez-vous : n'y a-t-il pas derrière toute cette beauté et cette harmonie, un Créateur ? Ne voyez-vous pas à travers la Création la marque d'une intelligence, d'une sagesse ? Pensez-vous vraiment que tout cela soit dû au « hasard » ? Prenez un instant pour y réfléchir, en gardant votre esprit et votre cœur grand ouverts ; posez-vous sincèrement la question. L'univers existe, il a donc une cause ; et quelle beauté ! Quelle perfection ! Il suffit de regarder autour de nous pour voir que l'harmonie dans l'univers est présente partout, dans ses moindres détails.

Dieu est l'intelligence suprême, cause première de toutes choses. Il est souverainement juste et bon. L'univers est constitué de deux éléments généraux : l'esprit et l'élément matériel, auxquels il faut ajouter le fluide universel, intermédiaire entre l'esprit et la matière proprement dite. Le fluide universel est le fluide primitif, élémentaire, susceptible par ses innombrables combinaisons avec la matière et sous l'action de l'esprit, de produire l'infinie variété des choses dont nous ne connaissons qu'une faible partie. Il constitue le principe selon lequel la matière serait en état perpétuel de division, et n'acquérait jamais les propriétés que lui donne la pesanteur.

Les Esprits sont les êtres intelligents de la Création. Incarnés et désincarnés, nous formons les deux faces d'une même humanité, deux faces inter-reliées et indissociables.

Lors de la naissance, l'âme quitte le monde spirituel pour naître au monde matériel ; elle s'incarne. Au moment du décès, elle quitte le monde corporel pour renaître au monde spirituel ; elle se désincarne ; deux faces d'une même vie. Les mots *décès* et *mort* signifient *fin définitive,* et ne sont donc pas appropriés puisqu'en réalité la mort n'est qu'un passage. Quand l'âme se désincarne dans le monde matériel, elle renaît au monde spirituel ; c'est pourquoi je préfère utiliser les termes d'*incarné* et de *désincarné*. Il n'y a pas de fin, mais une continuité. La désincarnation a pour seul effet la mort du corps physique. L'âme se dégage de son enveloppe charnelle comme d'un vieux vêtement, mais elle conserve son périsprit, enveloppe fluidique et permanente de l'Esprit.

Notre périsprit est à l'image de ce que nous vibrons intérieurement. Il s'affine et s'épure au fur et à mesure que l'Esprit progresse ; en conséquence, le corps spirituel d'un Esprit inférieur sera sombre, lourd, proche de la matière physique, tandis que celui d'un Esprit supérieur sera pur, léger, lumineux.

Les Esprits étant les âmes de ceux qui ont vécu, il en résulte que comme sur Terre, il y a de tout : des bons, des mauvais, des êtres remplis d'amour, de sagesse, ayant une connaissance très étendue, mais il y a également des êtres ignorants, menteurs, pervers, qui aiment faire le mal par plaisir de le faire. La désincarnation ne transforme pas une personne. Une fois passé de l'autre côté, l'Esprit reste tel qu'il était lorsqu'il était incarné. Il conserve sa personnalité, ses qualités, ses défauts, ses tendances, et bien sûr, ses affections. Le lien d'amour n'est jamais rompu. Nos êtres chers continuent de nous aimer, comme nous les aimons.

Puisque dans le monde invisible, il y a de tout, il est naturel qu'il en soit de même dans les communications spirites. Puisque les Esprits sont les âmes des hommes, il y en a des bons et des mauvais, et, naturellement, les messages seront très différents selon la source d'où ils proviennent. C'est pourquoi les communications venant de l'au-delà peuvent être sublimes ou sans valeur, de tous les degrés de sérieux ou de légèreté, de savoir ou d'ignorance. C'est pourquoi le discernement est indispensable.

Le spiritisme nous apprend que Dieu a créé les âmes simples et ignorantes, avec une même aptitude à progresser en vertu de leur libre-arbitre. Toutes les âmes ont la même destinée et le même but, qui est la perfection. Elles l'atteignent plus ou moins rapidement selon leur travail et leur volonté de faire le bien. La Terre peut être vue comme une école qui, par ses tests et ses épreuves, permet d'accéder à un niveau supérieur ; chaque existence représente le moyen de s'élever progressivement, et de se rapprocher de Dieu.

Il n'y a pas d'âmes plus favorisées ou déshéritées que les autres. Aucune n'est privilégiée et dispensée du travail imposé à d'autres pour progresser, et aucune n'est perpétuellement vouée au mal et à la souffrance. Les Esprits que l'on qualifie d'anges, sont des Esprits supérieurs ; ils ont acquis au fil de leurs existences l'amour, la sagesse et l'intelligence au plus haut degré.

Ils se sont dépouillés de toutes leurs impuretés, et n'ont plus besoin de se réincarner. D'autre part, « Satan » représente le symbole du mal sous toutes ses formes, et ceux que l'on qualifie de « démons » sont des âmes inférieures, qui n'ont pas encore appris à aimer. Dieu nous aime, *tous,* inconditionnellement. Il n'y a pas d'êtres voués au mal pour l'éternité ; la porte du repentir leur est grande ouverte avec le bonheur lié à celui-ci, mais par leur libre arbitre, ils sont libres de l'emprunter, ou pas.

Incarnation et pluralité des existences

Tous les Esprits doivent s'incarner pour évoluer. Ils participent ainsi à l'œuvre de la Création, concourent à l'œuvre générale en travaillant, et en même temps, avancent eux-mêmes. En passant par les épreuves que Dieu leur impose, ils acquièrent des connaissances, et plus l'épreuve est rude, plus l'Esprit a de mérite de la surmonter. L'incarnation peut être une expiation pour les uns, ou une mission pour les autres ; mais pour arriver à la perfection, tous doivent subir les vicissitudes de l'existence corporelle.

Dans le monde spirituel, le temps n'existe pas ; et il n'y a aucune règle concernant la durée entre deux incarnations. Un Esprit peut se réincarner très rapidement, ou rester des siècles dans l'au-delà. Chaque cas est unique, et tout est toujours fait pour le mieux. L'Esprit, par ses efforts et sa détermination dans le bien, progresse pour arriver à la perfection, ce qui signifie qu'il s'est épuré de toutes ses faiblesses, de toutes ses imperfections. Il n'a plus besoin de se réincarner, et jouit alors d'un bonheur inaltérable. Il accomplit les desseins de Dieu en participant à l'harmonie dans l'univers, aide tous ceux qui sont plus petits que lui, et ces missions sont pour lui une douce occupation.

Évidemment, parvenir à acquérir une science parfaite, une raison sans faille et un amour infini pour toutes les créatures, ne peut pas s'acquérir en une seule vie. Le nombre des existences est indéterminé, car ceux qui choisissent la route du bien avancent plus vite, et atteignent plus rapidement le but, tandis que d'autres se rebellent et restent éloignés de la félicité promise. La sagesse de Dieu est dans la liberté qu'il laisse à chacun de choisir. L'homme doit avoir le mérite de ses actes, comme il en a la responsabilité.

Les situations que nous vivons aujourd'hui peuvent être une conséquence de nos actes antérieurs, ou une épreuve que Nous avons acceptée, ou même demandée. Nous semons actuellement par nos pensées, nos paroles, et nos actes, les graines qui détermineront notre avenir.

La loi de réincarnation nous éveille à nos responsabilités, et nous met face aux conséquences de nos actes. En effet, lorsqu'on comprend que tout ce que nous faisons en bien ou en mal nous revient, dans cette vie ou dans une autre, le besoin d'agir au mieux se fait impérieux, et nous veillons désormais à préparer soigneusement l'avenir.

Comment expliquer autrement que par la réincarnation toutes les différences qui existent au sein des êtres humains ? Pourquoi certains sont naturellement doués en musique, d'autres en dessin, en mathématiques, ou en littérature ? D'où leur viennent leurs connaissances innées ? Pourquoi tant d'inégalités au niveau de l'intelligence et de la moralité ?

Voici un extrait du livre : *le spiritisme à sa plus simple expression*, d'Allan Kardec : « *La diversité des aptitudes innées, morales et intellectuelles, est la preuve que l'âme a déjà vécue ; si elle avait été créée en même temps que le corps actuel, il ne serait pas selon la bonté de Dieu d'avoir fait les unes plus avancées que les autres. Pourquoi des sauvages et des gens civilisés ? Des bons et des méchants ? Des sots et des gens d'esprit ? En disant que les uns ont plus vécu que les autres, et ont donc plus acquis, tout s'explique.* »

D'autre part, comment expliquer le sort des enfants qui se désincarnent en bas âge, des bébés ? Où serait la justice Divine si tout était fini pour eux avant même d'avoir commencé ? Si un enfant se désincarne en bas âge, c'est que cette courte vie peut être, pour son Esprit, le complément d'une existence interrompue avant le terme voulu ; cela peut également être une épreuve pour les parents. Au moment voulu, il recommencera une nouvelle existence.

La doctrine de la réincarnation, qui consiste à admettre plusieurs existences, est la seule qui réponde à l'idée que nous nous faisons de la justice de Dieu à l'égard des hommes. La raison nous l'indique et les Esprits nous l'enseignent.

« *Naître, mourir, renaître encore et progresser sans cesse,
telle est la loi.* »

Les Esprits désincarnés témoignent sur leur situation, et nous apprennent qu'il existe dans le monde spirituel le bonheur, mais également la souffrance à des degrés infinis, et que chacun récoltera selon ses œuvres. L'âme porte en elle-même son enfer ou son paradis. Ce n'est pas une simple image, c'est une réalité vibratoire.

Il est dit dans le livre *Le Ciel et l'enfer*, d'Allan Kardec :
« Les Esprits sont créés simples et ignorants, mais avec l'aptitude de tout acquérir et progresser, en vertu de leur libre-arbitre. Par le progrès, ils acquièrent de nouvelles connaissances, de nouvelles facultés, de nouvelles perceptions, et par suite, de nouvelles jouissances inconnues aux Esprits inférieurs ; ils voient, entendent, sentent et comprennent ce que les Esprits arriérés ne peuvent ni voir, ni entendre, ni sentir, ni comprendre. Le bonheur est en raison du progrès accompli ; de sorte que, de deux Esprits, l'un peut ne pas être aussi heureux que l'autre, uniquement parce qu'il n'est pas aussi avancé intellectuellement et moralement, sans qu'ils aient chacun besoin d'être dans un lieu distinct. Quoiqu'étant l'un à côté de l'autre, l'un peut être dans les ténèbres, tandis que tout est resplendissant autour de l'autre, absolument comme pour un aveugle et un voyant qui se donnent la main.

Un Esprit peut donc être heureux ou malheureux. Il souffre du mal qu'il a fait, ou du bien qu'il aurait pu faire et qu'il n'a pas fait. Plus l'âme s'attache à aimer, à devenir meilleure, plus elle épure son âme et se prépare un avenir lumineux. C'est par la réincarnation que s'effectue la justice Divine. Le présent est autant la conséquence de notre passé, que la préparation de l'avenir. Celui qui profite de sa haute position pour asservir les autres pourra se retrouver lors de sa prochaine existence dans la position de ceux qu'il aura asservis ; celui qui aura fait souffrir souffrira à son tour, etc. C'est ainsi que de vie en vie, l'Esprit apprend, et s'améliore. »

André Luiz, dans le livre *Action et Réaction*, s'exprime en ces termes : « *Nos possibilités d'aujourd'hui nous lient aux ombres d'hier, exigeant notre travail infatigable en faveur du bien, pour la construction de Demain.* »

La Terre est loin d'être le seul monde habité. Les Esprits peuvent s'incarner sur Terre, ou dans un autre monde correspondant à leur niveau d'évolution, afin de progresser. Il existe une infinité de mondes dans l'Univers, correspondant à différents degrés évolutifs, et la Terre est une sphère encore très matérielle, éloignée de la perfection. Quel que soit le globe sur lequel les Esprits s'incarnent, leur but est de se purifier, de s'élever autant que possible. Les épreuves de la vie représentent pour eux l'opportunité espérée. C'est au cœur des épreuves qu'ils peuvent, par leurs efforts et leur volonté, s'améliorer en évitant le mal et en pratiquant le bien. Courage, persévérance, ne sont pas de vains mots. Tous les efforts que nous faisons afin de surmonter les épreuves de la vie, seront récompensés au-delà de ce que l'on peut imaginer.

N'est-ce pas consolant de savoir que quelles que soient nos souffrances ici-bas, il existe un autre monde duquel nous venons tous et dans lequel nous retournerons ? Un monde de justice, où nous sommes tous infiniment aimés, et dans lequel toutes nos souffrances recevront une consolation.

Voici ce que dit le Dr Elizabeth Kübler-Ross, dans son livre *La mort est un nouveau soleil* :

« La plupart des gens considèrent leurs conditions de vie comme difficiles, leurs épreuves et tourments, leurs terreurs et toutes leurs pertes comme une malédiction, une punition de Dieu, quelque chose de négatif. Si seulement on pouvait comprendre que rien de ce qui nous arrive est négatif, et je souligne : absolument rien ! Toutes les épreuves et souffrances, même les pertes les plus importantes ainsi que tous les évènements dont on dit par la suite : « Si je l'avais su avant, jamais je n'aurais cru pouvoir tenir le coup », sont toujours des cadeaux.

Être malheureux et souffrir est comme forger le fer rouge. C'est l'occasion qui nous est donnée de grandir. C'est la seule raison de notre existence sur Terre. Lorsque viennent les tempêtes de la vie, pensez que ces tempêtes sont un cadeau que vous reconnaîtrez non pas maintenant, mais peut-être dans dix ou vingt ans, puisqu'il vous donne la force et vous apprend des choses que vous n'auriez pas apprises autrement. Si -symboliquement parlant- vous arrivez comme une pierre dans une machine à aiguiser, il dépend de vous d'être complètement broyé et détruit, ou d'en sortir comme un diamant rayonnant. »

Les situations difficiles, les épreuves auxquelles nous sommes confrontés, sont là pour nous faire évoluer. Si nous avons conscience que tout ce que nous vivons a un sens, nous sommes alors en mesure d'aller chercher au plus profond de nous-mêmes le courage pour affronter les tempêtes de la vie, et ainsi nous élever en tant qu'Esprit. Toutes les épreuves que nous vivons, nous les connaissions avant de nous incarner. Nous les avons choisies ou acceptées, car nous avions une compréhension infiniment plus grande et plus profonde de ce qu'elles représentaient, et de ce qu'elles nous apporteraient si nous parvenions à les surmonter.

Nous avons en nous la force dont nous avons besoin, et lorsque j'écris ces lignes, je pense plus particulièrement aux personnes qui après avoir perdu un être cher, peinent énormément à continuer leur vie. Je vous dis de tout mon cœur : Courage ! Votre être cher est toujours vivant, il continue de vous aimer, et veut seulement votre bonheur ! Voir souffrir une personne qu'on aime est toujours douloureux, et cela est vrai pour les deux côtés de la vie, pensez-y.

Si vous vous révoltez face à l'absence de votre être aimé, si depuis son départ, vous n'arrivez pas à reprendre le cours de votre vie et que vous sombrez petit à petit dans un gouffre de sentiments destructeurs, sachez que de l'autre côté du voile il vous voit, et souffre de votre douleur. Par amour, faites tout ce que vous pouvez pour surmonter cette épreuve, apaiser votre chagrin, et aller mieux. Votre être cher vous aidera autant que possible, et plus vous irez mieux, plus il sera heureux ! L'Amour qui vous unit demeure et demeurera toujours. Vous pourrez ressentir ce lien intérieur, de cœur à cœur. Le moment venu vous vous retrouverez, soyez-en sûrs.

Il y a un point que je souhaite aborder, c'est le cas des personnes ayant volontairement mis fin à leur vie terrestre. Lorsqu'on a perdu une personne aimée de cette façon, il est légitime de se demander si son âme est en paix, si elle va bien. Nous sommes tous des êtres spirituels évoluant alternativement dans deux mondes.

Lors de notre vie terrestre, des expériences de vie sont placées sur notre chemin, des épreuves que Nous avions choisies ou acceptées avant de nous incarner. L'âme doit faire preuve de courage, de force, de patience et de foi durant sa vie terrestre, afin d'évoluer, et ainsi pouvoir accéder à un niveau supérieur au moment de sa désincarnation, recueillant ainsi les fruits de ses persévérants efforts. Mais, ça, beaucoup l'ignorent.

Certaines âmes demandent à vivre des épreuves très lourdes afin d'avancer le plus rapidement possible, et une fois sur Terre, n'y arrivent pas. La vie peut être si difficile... la solitude, le manque d'amour, les deuils, les maladies, les accidents, les soucis financiers... il y a tellement de raisons qui peuvent pousser une personne au désespoir... et lorsqu'on ne voit aucune issue à nos souffrances, eh bien la fausse porte du suicide peut sembler être une solution.

Lorsqu'on perd un proche de cette manière, il est naturel de se demander comment il va, et s'il est en paix. Nous craignons que ce choix entraîne pour lui des conséquences malheureuses.

Comme nous l'avons vu, le spiritisme nous apprend que l'âme porte en elle-même son enfer ou son paradis. Qu'est-ce que cela signifie ? Il faut bien comprendre que dans le monde spirituel, notre pensée est véritablement *créatrice*. Cela veut dire que quand une personne met fin à ses jours dans un état de désespoir, de dépression, de révolte, l'âme peut se retrouver prisonnière d'elle-même ; prisonnière de son *état psychique et émotionnel*. Ainsi, vous pouvez lui parler, lui expliquer qu'il n'est pas seul, qu'il y a des êtres autour de lui prêts à l'aider. Envoyez-lui votre amour, dites-lui que la seule chose que vous souhaitez, c'est qu'il trouve la paix. Aidez-le à prendre conscience qu'il est infiniment aimé. Invitez-le à prier, quelles qu'aient pu être ses croyances lors de sa vie terrestre, et soyez certains que tout l'amour que vous lui enverrez, toutes les prières que vous ferez afin qu'il trouve la paix, seront pour lui une aide inestimable.

Je pense qu'il est primordial de comprendre qu'une personne ayant mis fin volontairement à sa vie terrestre n'est pas jugée ni punie. Dieu est Amour. Tout est dans son propre esprit. Dès que son âme s'éclaire, que le désespoir ou la colère laissent place à de meilleurs sentiments, les portes de son esprit s'ouvrent, et il peut alors recevoir l'aide divine qui lui est envoyée. Il sera ensuite accompagné par des amis spirituels qui l'aideront à avancer sur son chemin. Soyez donc rassurés, car de l'autre côté vos êtres chers ne sont pas seuls. Ils sont aimés et accompagnés.

Vous savez désormais que vous pouvez beaucoup les aider en priant pour eux, en leur parlant et en leur envoyant votre amour. Cependant, leur acte entraîne des conséquences ; comme ils n'auront pas réussi à surmonter leurs épreuves terrestres, épreuves qu'ils avaient choisies ou acceptées avant leur incarnation, ils devront revenir, et recommencer. Dans leur prochaine vie, ils pourront de nouveau se trouver face à la tentation du suicide ; le but est qu'ils acquièrent en eux assez de force pour résister et continuer d'avancer, malgré les épreuves. La vie est une école où l'on apprend toujours, et l'Amour de Dieu est Inconditionnel. Ce que nous ne parvenons pas à surmonter dans une vie, nous le surmonterons dans une autre, car grâce à la loi de réincarnation, nous avons l'éternité pour apprendre, grandir et réussir.

J'aimerais aussi aborder un autre point qui me semble essentiel. Je sais que certaines personnes ne se sentent pas la force de continuer à vivre après la perte d'un être cher. Il est très important de comprendre qu'aussi difficile que puisse être votre vie sans la présence physique de votre être aimé, vous devez résister à la tentation de le rejoindre par la porte du suicide ; ce n'est jamais la solution. En tentant de provoquer des retrouvailles anticipées, vous ne feriez au contraire que les éloigner.

Comprendre le sens profond de la vie doit vous aider à accepter la Volonté Divine, et trouver en vous la force de traverser vos épreuves. Si la force vous manque, tournez-vous vers la prière afin de demander l'aide, la force et le soutien dont vous avez besoin. Nourrissez-vous des expériences de ceux qui ont vécu des épreuves similaires aux vôtres, et ont réussi à les transcender. Courage, cette séparation physique est temporaire. Le lien d'amour demeurera toujours ; vous pourrez ressentir la présence de votre être aimé à l'intérieur de vous, par cette connexion de cœur à cœur. Ne cherchez pas à rejoindre votre être cher, c'est lui qui vous attendra.

Quelles que soient les difficultés auxquelles nous nous retrouvons confrontés, l'attitude juste est de trouver la force en nous-mêmes pour les surmonter, car elles font partie de notre chemin de vie. Tout a un sens, même si nous ne le comprenons pas sur l'instant.

Je pense que ces connaissances nous amènent vraiment à réfléchir, à porter notre conscience un peu plus loin que *l'ici et maintenant ;* elles nous incitent à devenir meilleurs, parce qu'à partir de ce moment capital où l'on comprend que la mort n'est pas la fin, et qu'assurément, nous récolterons tout ce que nous avons semé, alors nous voyons les choses sous un angle différent. De nos jours, l'homme pense que tout se termine à la fin de sa vie, et concentre tous ses efforts sur l'acquisition de biens, la recherche du confort, et la satisfaction de ses vues personnelles. Mais, dès que les conditions de la vie future sont connues, tout change !

Désincarnation, retour à la vie spirituelle

Au moment du décès, la désincarnation ouvre à l'Esprit la porte de la vraie Vie. Il quitte son enveloppe corporelle, mais conserve son individualité. Il emporte avec lui le souvenir de son existence terrestre, et ce souvenir peut être doux ou plein d'amertume, selon l'emploi qu'il aura fait de sa vie. Après avoir quitté le corps, l'âme n'a pas immédiatement la conscience d'elle-même ; elle est quelque temps dans le trouble. Tout lui semble confus, un peu comme dans un demi-sommeil, où nos pensées se mélangent entre rêve et réalité. Le degré et la durée du trouble est très variable ; il peut être de quelques heures comme de plusieurs mois, et même de plusieurs années. L'âme qui savait ce qui l'attendait au moment du décès, et dont la conscience est pure, se reconnaîtra presque instantanément au moment de la désincarnation.

Cependant, dans le cas d'une mort violente, l'Esprit est surpris, étonné, et n'a parfois même pas conscience d'être mort. Il voit son corps, il sait que ce corps est le sien, et ne comprend pas pourquoi il en est séparé. Il va vers les personnes qu'il aime, leur parle, et ne comprend pas pourquoi elles ne lui répondent pas. Ce phénomène s'explique aisément. Pour l'Esprit, la mort est synonyme de destruction, d'anéantissement. Mais, comme il pense, voit et entend, il ne croit pas être mort, et ce qui augmente encore cette illusion, c'est qu'il voit qu'il a un corps (le périsprit) semblable à celui qu'il avait, mais dont il n'a pas encore pu constater la nature éthérée. Il le croit solide et compact comme celui qu'il avait sur Terre, cependant s'il essaie de toucher une personne qu'il affectionne, il voit sa main passer à travers, et ne comprend pas pourquoi.

Après notre désincarnation, nous restons dans l'au-delà la même personne que nous étions sur Terre. Nous gardons notre individualité, nos qualités, nos défauts. Il en est de même lorsqu'on s'incarne. Nous renaissons sur Terre avec notre caractère, nos anciens acquis, nos tendances, nos imperfections, nos faiblesses. Comment pourrait-il en être autrement ? Nous sommes des êtres évoluant alternativement dans deux mondes : le monde physique et le monde extra-physique.

Ce que j'ai tant aimé lorsque j'ai découvert les enseignements spirites, c'est qu'ils parlent autant au cœur qu'à la raison ; je sais que je l'ai déjà dit, mais c'est tellement vrai ! Ils viennent nous expliquer, nous réconforter et nous responsabiliser, afin que dès maintenant, nous prenions notre vie en main en aimant chaque jour davantage, et en faisant le bien autour de nous.

Je pense que le spiritisme a un rôle bien plus grand que de nous enseigner sur la vie des Esprits et leurs relations avec notre monde. Il vient éclairer les hommes, les responsabiliser pour la pratique du bien, et participe ainsi au progrès moral de l'humanité.

Religion

Comme vous avez pu le constater, je ne suis pas une adepte de la religion dans la forme ; cependant, je me sens très proche de la spiritualité et du *sentiment religieux* qui relie l'homme à Dieu.

La philosophie spirite induit des thèmes propres aux religions, néanmoins, le spiritisme n'est pas une religion dans le sens usuel du terme, en ce qu'il ne possède ni dogmes, ni cultes, ni hiérarchie. Il ne fait pas de prosélytisme, et ne demande aucune foi aveugle. Son but n'est pas de faire des spirites, mais des hommes de bien. Il enseigne les hommes pour le bien.

Le spiritisme pose en principe qu'avant de croire, il faut comprendre, et pour comprendre, il faut faire usage de son jugement. Il dit : « comprenez d'abord, et vous croirez ensuite, si vous le voulez. » Son mot d'ordre est : « Hors la charité, point de salut ». Cependant, le mot *charité* a ici un sens bien plus large que celui qu'on lui attribue habituellement pour l'aumône. Il s'agit d'être charitable dans nos pensées, en étant indulgent envers les fautes d'autrui, charitable dans nos paroles, en ne disant rien qui puisse nuire ou blesser notre prochain, et charitable dans nos actes, en aidant à notre niveau ceux qui en ont besoin.

Bien entendu, si vous avez déjà une foi forte, le spiritisme ne vous apportera peut-être rien de plus. Mais, à tous ceux qui doutent, -et il y en a beaucoup- je suis sûre qu'il peut parler à leur âme.

Léon Denis, dans son livre *Dans l'invisible, spiritisme et médiumnité*, dit :

« *Le spiritisme offre cet avantage inappréciable de satisfaire à la fois la raison et le sentiment. Jusqu'ici ces deux puissances de l'âme ont été en lutte, en perpétuel conflit. De là, une cause profonde de souffrance et de désordre pour les sociétés humaines. La religion, en faisant appel aux sentiments, mais en écartant la raison, tombait souvent dans le fanatisme, dans l'égarement. La science, en procédant dans le sens contraire, restait sèche et froide, impuissante à régir les mœurs. Quelle ne sera pas la supériorité d'une doctrine qui vient rétablir l'équilibre et l'harmonie entre ces deux forces, les unir, leur imprimer une impulsion commune vers le bien ? Il y a là, on le comprendra, le principe d'une immense révolution.* »

Par son enseignement moral, le spiritisme éclaire l'humanité et lui indique la route à suivre pour arriver au bonheur. C'est une règle de conduite, un véritable code divin que chacun peut appliquer dans sa vie en toute circonstance. Cependant, le spiritisme ne crée aucune morale nouvelle, on la retrouve tout entière dans les préceptes qu'a enseignés Jésus. Mais, tandis qu'il parlait en paraboles, le spiritisme vient aujourd'hui nous éclairer. Bien loin de nier l'Évangile, il confirme, explique et développe par les nouvelles lois de nature qu'il révèle, ce qu'a dit et fait le Christ.

Vous avez pu lire dans mon journal qu'à un certain moment, je me suis sentie invitée à découvrir Jésus et ses enseignements :

Jean, chap. 15, verset 12

« C'est ici mon commandement : aimez-vous les uns les autres comme je vous ai aimés. »

Luc, chap. 6 verset 31

« Ce que vous voulez que les hommes fassent pour vous, faites-le de même pour eux. »

Matthieu, chap. 22, versets 38 et 39

« Tu aimeras le Seigneur, ton Dieu, de tout ton cœur, de toute ton âme, et de toute ta pensée. C'est le premier et le plus grand commandement. Et voici le second, qui lui est semblable : « Tu aimeras ton prochain comme toi-même. » De ces deux commandements dépendent toute la loi et les prophètes. »

Quand Jésus dit :

« *Il y a plusieurs demeures dans la maison de mon Père* », ne fait-il pas allusion aux innombrables sphères du monde spirituel ?

Lorsqu'il dit : « *personne ne peut voir le royaume de Dieu s'il ne naît de nouveau* », ne parle-t-il pas de l'âme qui, lorsqu'elle se désincarne, renaît au monde spirituel ?

Jésus a également dit « *Heureux les affligés* », et le spiritisme nous apprend que toutes les difficultés que l'âme aura surmontées durant sa vie, en faisant preuve de courage et de résignation, connaîtra dans l'au-delà un bonheur et une félicité qu'aucun mot ne peut exprimer ; c'est également ce que disent les personnes ayant vécu une expérience de mort imminente.

Dieu est comme le soleil ; il peut nous sembler absent, mais il est simplement caché sous une sombre et épaisse couche de nuages. Nous pouvons être trempés par la pluie, transis par le froid et le vent qui nous empêchent de percevoir sa lumière et sa chaleur, mais il est toujours présent. Au cœur de nos épreuves et de nos difficultés, dans un monde où l'amour est encore loin de régner en maître, l'Amour que Dieu nous porte peut nous apparaître caché, absent, et pourtant… Dieu nous aime tellement !

Jésus a dit :
« *Laissez venir à moi les petits enfants et ne les empêchez point, car le royaume de Dieu est pour ceux qui leur* **ressemblent** ».

Avoir le cœur pur, être simple, à l'image d'un enfant innocent, être doux face à la méchanceté, aux injures et à la violence, pardonner à ceux qui nous font souffrir, choisir de toujours faire le bien et agir envers les autres de la même manière que l'on voudrait qu'ils agissent envers nous ; telles sont les clés qui nous ouvriront la porte du royaume céleste.

Les enseignements spirites rejoignent ceux de Jésus ; ils nous invitent à adopter dans notre vie une conduite d'amour, en nous attachant non pas aux biens de la Terre, mais à ceux du ciel, car tel est le moyen pour l'âme d'acquérir le véritable bonheur. Jésus nous a montré l'exemple, le chemin à suivre :

1 Pierre, chap. 2, versets 20 à 23 :
« *Quelle gloire y a-t-il à supporter de mauvais traitements pour avoir commis des fautes ?*

Mais, si vous supportez la souffrance lorsque vous faites ce qui est bien, c'est une grâce devant Dieu, et c'est à cela que vous avez été appelés, parce que Christ aussi a souffert pour vous, vous laissant un exemple, afin que vous suiviez ses traces, lui qui n'a point commis de péchés, et dans la bouche duquel il ne s'est point trouvé de fraude, lui qui, injurié, ne rendait point d'injures, maltraité, ne faisait point de menaces, mais s'en remettait à celui qui juge justement ».

Extrait de l'ouvrage *Chemin, vérité et vie*, de Chico Xavier :

« Le Seigneur n'a rien promis d'autre aux compagnons que des efforts continuels contre les ombres jusqu'à la victoire finale du bien.

La parole de Jésus, dans ce cas, ne fait pas l'ombre d'un doute : Si quelqu'un veut venir après moi, qu'il renonce à lui-même, qu'il prenne sa croix et me suive.

Aimez vos ennemis.
Priez pour ceux qui vous persécutent et vous calomnient.
Bénissez ceux qui vous maudissent.
Prêtez sans rien attendre.
Ne jugez pas pour ne pas être jugés.
Parmi vous, le plus grand sera le serviteur de tous.
Cherchez la porte étroite.

Voici, moi je vous envoie comme des brebis au milieu des loups.
Dans le monde, vous aurez des tribulations.

Face à des affirmations aussi claires, il est impossible d'attendre dans le Christ un donneur de vie facile. Personne ne s'approche de lui sans un désir sincère d'apprendre à s'améliorer.

Si le christianisme est l'espoir sublime, l'amour céleste et la foi restauratrice, c'est aussi le travail, le sacrifice, le perfectionnement incessant. »

Jésus avait annoncé la venue d'un consolateur. Quand on voit l'état de notre monde, nous en avons bien besoin, vous ne pensez pas ?

C'est significatif. Déjà de son temps, Jésus savait que notre monde aurait besoin d'être consolé. Les Esprits supérieurs nous enseignent qu'il y a eu trois révélations au cours de l'histoire humaine :

– Le décalogue, qui est la Loi de Dieu personnifiée par Moïse
– L'enseignement moral contenu dans les Évangiles, personnifié par Jésus
– Le spiritisme qui n'est personnifié en aucune personne, et c'est le caractère essentiel de la troisième révélation, comme nous allons le voir.

Voici des passages de l'Évangile qui annoncent le consolateur promis et ses caractéristiques :

Jean, chap 14, versets 15, 16, 17 :

« *Si vous m'aimez, gardez mes commandements. Et moi, je prierai le Père, et il vous donnera* **un autre consolateur,** **afin qu'il demeure** *éternellement avec vous, l'**Esprit de vérité**, que le monde ne peut recevoir, parce qu'il **ne le voit point et ne le connaît point** ; mais vous, vous le connaissez, car **il demeure avec vous, et il sera en vous** ».*

Le Consolateur demeurera éternellement avec nous, il ne peut donc pas s'agir d'une personne. Il apportera au monde *l'Esprit de vérité*.

Qu'est-ce que « l'Esprit de Vérité » ? Ne s'agit-il pas de la vérité sur les grandes questions de la Vie ? Qui sommes-nous, d'où venons-nous et qu'adviendra-t-il de nous après cette vie ?

Cet enseignement nous vient aujourd'hui des Esprits… que le monde ne *voit point et ne connaît point*. Cette vérité est *en nous*, et *demeurera pour toujours avec nous*.

Jean - chap. 14 - Verset 26 :
« *Mais le consolateur, l'Esprit Saint que le Père enverra **en mon nom**, vous enseignera toutes choses, et vous rappellera tout ce que je vous ai dit.* »

Jean, chap. 16, versets 12 à 15 :
« *J'ai encore beaucoup de choses à vous dire, mais vous ne pouvez pas les porter maintenant. Quand le consolateur sera venu, l'Esprit de Vérité, il vous conduira dans toute la vérité ; car il ne parlera pas de lui-même, mais il dira tout ce qu'il a entendu, et il vous annoncera les choses à venir. Il me glorifiera, parce qu'il prendra de ce qui est à moi, et vous l'annoncera. Tout ce que le Père a, est à moi ; c'est pourquoi j'ai dit qu'il prend de ce qui est à moi, et qu'il vous l'annoncera.* »

Jésus a révélé qu'il avait encore beaucoup de choses à nous dire, mais que le peuple n'était pas encore prêt à les porter. En effet, si de nos jours l'existence de l'âme, la vie de l'Esprit après la mort et la communication avec le monde spirituel ne sont même pas admis par tous comme une réalité, alors imaginez quelle devait être la situation il y a deux mille ans. Le Consolateur nous conduira *dans toute la vérité* ; car il ne parlera pas de lui-même, mais il dira tout ce qu'il a entendu, et *nous annoncera les choses à venir*.

En effet, les enseignements qui nous sont transmis ne viennent pas *d'un Esprit* qui parlerait pour lui-même, mais *d'une multitude d'Esprits qui viennent témoigner de leur vie dans l'au-delà*. Ce sont eux, dans toute leur diversité, qui nous apprennent les conditions de la vie future. L'Esprit de vérité, c'est la vérité qui se révèle par l'intermédiaire de leurs témoignages, et cette connaissance nous annonce les choses à venir. Le spiritisme *glorifie Jésus,* car il nous rappelle tous ses enseignements en les éclairant d'une lumière nouvelle. Grâce aux manifestations spirites, il nous démontre *l'existence de la vie future, l'entrée de l'âme dans le royaume du Ciel,* c'est pourquoi on peut dire qu'*il prend de ce qui est à Jésus, et nous l'annonce*. En effet, Jésus dit que tout ce que le Père a, est à Lui, et je pense que ce dont il parle, c'est le Royaume des Cieux.

Pour exprimer mes sentiments, je vous partage cet extrait du livre *La Genèse selon le spiritisme*, d'Allan Kardec : « *Le spiritisme, bien loin de nier ou de détruire l'Évangile, vient au contraire confirmer, expliquer et développer, par les nouvelles lois de nature qu'il révèle, tout ce qu'a dit et fait le Christ ; il porte la lumière sur les points obscurs de son enseignement (...)*

Si l'on considère, en outre, la puissance moralisatrice du spiritisme par le but qu'il assigne à toutes les actions de la vie, par les conséquences du bien et du mal qu'il fait toucher du doigt, la force morale, le courage, les consolations qu'il donne dans les afflictions par une inaltérable confiance en l'avenir, par la pensée d'avoir près de soi les êtres que l'on a aimés, l'assurance de les revoir, la possibilité de s'entretenir avec eux, enfin, par la certitude que de tout ce que l'on fait, de tout ce que l'on acquiert en intelligence, en science, en moralité, jusqu'à la dernière heure de la vie rien n'est perdu, que tout profite à l'avancement, on reconnaît que le spiritisme réalise toutes les promesses du Christ à l'égard du Consolateur annoncé ».

2e épître aux Corinthiens, Chap. 4 - verset 16-17 : Souffrances présentes et gloire future. *« C'est pourquoi nous ne perdons pas courage. Et même si notre homme extérieur se détruit, notre homme intérieur se renouvelle de jour en jour, car nos légères afflictions du moment présent produisent pour nous, au-delà de toute mesure, un poids éternel de gloire, parce que nous regardons non point aux choses visibles, mais à celles qui sont invisibles, car les choses visibles sont passagères, et les invisibles sont éternelles. »*

Il y a deux mille ans, les apôtres supportaient courageusement leurs épreuves et leurs souffrances, parce qu'ils voyaient au-delà de ce qu'ils devaient endurer. Ils **savaient** qu'en agissant toujours avec amour, envers et contre tout, ils acquéraient le mérite qui leur permettrait d'entrer dans le Royaume de Dieu, ce royaume que Jésus leur avait annoncé, et dans lequel un bonheur ineffable les attendait.

Cette certitude leur donnait la force de tout endurer, de tout supporter avec amour. Même si leurs corps étaient meurtris et fatigués, ils connaissaient l'existence de l'âme et de la vie éternelle, et cela comptait plus que tout pour eux, comme Jésus leur avait enseigné. Ils accordaient plus d'importance aux choses éternelles, qu'aux choses terrestres et passagères. C'est aussi ce que nous enseigne le spiritisme.

Voici un extrait du livre *Après la mort,* de Léon Denis :
« Il est beau, consolant et doux de pouvoir marcher dans la vie le front levé vers les cieux, sachant que, même dans les orages, au milieu des épreuves les plus cruelles, au fond des cachots comme au bord des abîmes, une providence, une loi divine plane sur nous, régit nos actes; que de nos luttes, de nos tortures, de nos larmes, elle fait sortir notre propre gloire et notre bonheur. C'est dans cette pensée qu'est toute la force de l'homme de bien. »

Oui, lorsque nous souffrons, physiquement ou moralement, nous pouvons faire ressortir du cœur même de l'épreuve le meilleur pour notre âme. En surmontant courageusement nos difficultés, et en gardant notre cœur tourné vers Dieu, nous nous préparons un avenir lumineux au ciel, en sacrifiant le présent pour la vie éternelle.

I - Corinthiens - chapitre 15 - Verset 42 :
« Ainsi en est-il de la résurrection des morts. Le corps est semé corruptible ; il ressuscite incorruptible ; il est semé méprisable, il ressuscite glorieux ; il est semé infirme, il ressuscite plein de force ; il est semé corps naturel, il ressuscite corps spirituel. S'il y a un corps naturel, il y a aussi un corps spirituel. »

C'est également ce que dit le spiritisme. Au moment de la désincarnation, le corps physique laisse la place au corps spirituel, et ce fait était déjà connu il y a deux mille ans.

1er épître de Jean, chap. 4 : Le discernement des esprits
« Bien-aimés, n'ajoutez pas foi à tout esprit ; mais éprouvez les esprits, pour savoir s'ils sont de Dieu, car plusieurs faux prophètes sont venus dans le monde. »

Voici un passage très important ; Jean nous dit de ne pas croire en tous les Esprits, car ils ne sont pas tous de Dieu ; qu'il faut être vigilants et les éprouver, afin de savoir à quel type d'Esprit on a affaire. C'est pourquoi le discernement dans ce que disent les Esprits est si important, et on nous le conseillait déjà, il y a deux mille ans.

Il existe une boussole qui ne nous trompera jamais, à laquelle nous pouvons nous fier tout au long de notre vie :

« Tu aimeras le Seigneur ton Dieu, de tout ton cœur, de toute ton âme, et de toute ta pensée. C'est le premier et le plus grand commandement. Et voici le second, qui lui est semblable : Tu aimeras ton prochain comme toi-même. »

Dieu -qui est Amour- ne peut donc pas nous demander autre chose qu'**Aimer, et faire le bien**. On peut donc en conclure, en matière de communication avec l'invisible, que tout ce qui ne va pas dans le sens de l'Amour, de la Paix, de la Charité, de la Fraternité, de la Tolérance, du Pardon, ne peut provenir de Dieu ou des Esprits supérieurs. Tout est là, c'est clair, limpide.

Concernant les vrais et les faux prophètes, le Christ a dit : « **Vous les reconnaîtrez à leurs fruits.** » Cela rejoint encore une fois ce que mes guides m'ont enseigné : l'importance du discernement.

Je suis convaincue que le spiritisme est le consolateur annoncé par Jésus, le Christianisme revivifié. Encore une fois, il convient de ne pas s'attacher au terme, mais à la signification profonde qu'il contient. J'utilise le mot spiritisme, mais on peut aussi parler du règne de l'Esprit. Consolateur, Paraclet, peu importe le terme ; ce dont je parle ici comme étant le Consolateur promis, ce sont les voix du Ciel qui s'adressent à la Terre. Nos aimés qui viennent témoigner de cette autre face de la vie, cette Vie qui nous attend tous.

En reprenant les enseignements de Jésus dans leur essence, dans leur pureté primitive, le spiritisme devient la ***Religion Universelle de l'Amour***, tel un drapeau blanc sous lequel pourront venir se réunir tous les hommes, de toutes croyances et de toutes religions ; car Jésus n'a jamais rejeté personne, bien au contraire, Il aimait et tendait la main à tous les hommes, sans exception.

Le spiritisme sera une religion sans dogmes, ni cultes, ni hiérarchie, qui sera scientifique *et* spirituelle, qui comblera le cœur *et* la raison, et reliera les hommes à Dieu par le sentiment, tout simplement.

Le Ciel se mobilise massivement dans le but d'éveiller les consciences, aider les gens à comprendre le sens et le but de la vie, pour les amener au bien et à l'Amour du prochain.

De toutes parts, le Ciel nous parle et attire notre attention : les expériences de mort imminente, les apparitions de la Vierge Marie et ses messages, les icônes et statues de la Vierge qui pleurent, les guérisons inexpliquées... oui, il y en a ! Et, c'est bien dommage qu'on n'en entende pas parler davantage.

Les guérisons inexpliquées dites *miraculeuses* ne se sont pas arrêtées au temps de Jésus, il y en a eu d'autres, et il y en a encore de nos jours. Je vous invite à découvrir si vous ne les connaissez pas, les miracles de la Vierge de Guadalupe, de l'ostie de Buenos Aires, Maître Philippe de Lyon, et l'histoire de Myrna Nazzour à Soufanieh, scientifiquement prouvés ; et encore une fois, on n'en entend jamais parler ![6]

En tant qu'êtres humains, nous sommes tous différents, il est donc logique que nous ayons besoin de moyens différents afin de trouver la lumière de la vérité ; certains y parviendront par l'église, d'autres par la médiumnité, suite à une NDE, par le chamanisme, l'hypnose ou la science... le Ciel met tout en œuvre pour nous faire comprendre qu'il est urgent d'Aimer, et le spiritisme vient nous expliquer en termes clairs tout ce que nous avons besoin de savoir, afin de conduire notre vie de la bonne manière : *« En aimant notre prochain comme nous-mêmes »*.

---

6 Livres : « Soufanieh » du Père Elias Zahlaoui ; « Monsieur Philippe l'ami de Dieu » de Serge Caillet ; « La Vierge du Mexique » du Père François Brune

Il est dit dans le livre Missionnaires de la Lumière, psychographié par Chico Xavier : « *Le spiritisme chrétien est la reviviscence de l'Évangile de Notre Seigneur Jésus-Christ, et la médiumnité constitue un de ses fondements vivants.* »

Je suis convaincue que le spiritisme marque le début d'une ère nouvelle (le règne de l'Esprit) ; il vient éveiller les consciences afin de guider l'humanité dans la connaissance, et consoler les cœurs en leur redonnant espoir.

Concernant la médiumnité, le spiritisme l'élève au rang de service médiumnique : le médium spirite est un instrument au service de l'amour Divin. Il collabore avec les Esprits Supérieurs pour aider, soulager et consoler. Qu'y a-t-il de plus beau que de voir ceux que l'on croyait partis à jamais revenir par amour, nous donner de leurs nouvelles et nous procurer l'apaisement dont nous avons besoin ? Grâce à leurs messages, l'adieu laisse place à la certitude de futures retrouvailles. Ils nous apportent la preuve que le lien d'amour demeure, de cœur à cœur, aujourd'hui et pour toujours ! C'est la victoire de la vie, la victoire de l'amour ! Voilà le but providentiel de la médiumnité.

La vie est un fil dont la pelote doit être avec Dieu,
parce que personne ici ne parle de la mort,
mais de la vie ardente et belle.
Sérgio Tadeu R. Bacci

La médiumnité

*« La plus grande gloire n'est pas de ne jamais tomber,
mais de se relever à chaque chute. »
Nelson Mandela*

Chaque être humain porte en lui le germe de la médiumnité. Néanmoins, le terme « médium » est utilisé pour désigner les personnes chez qui ces facultés atteignent une certaine intensité ; lorsqu'elles se développent, il est important de pouvoir faire face à la situation, avec toute la compréhension et le sérieux qui s'imposent. Nous vivons une époque de grande ouverture spirituelle, et les personnes développant ces facultés sont de plus en plus nombreuses. C'est pourquoi il est essentiel de bien comprendre ce qu'est la médiumnité, afin de pouvoir agir correctement.

Premièrement, même si la faculté médiumnique rend possible la communication avec les Esprits, cette communication ne dépend pas du médium ; elle dépend de la volonté du monde spirituel. Le médium ne peut rien forcer. Si le monde invisible ne veut pas se manifester, alors le médium n'obtient rien. Il est semblable à un instrument sans musicien.

Tout le monde peut disposer de la faculté médiumnique : que l'on soit bon ou mauvais, juste ou injuste, cultivé ou ignorant. Il est important de le savoir, et de comprendre que ce n'est pas parce qu'on est médium qu'on est forcément en contact avec de bons Esprits.

Chaque médium étant unique, chacun recevra les pensées de l'Esprit d'une façon appropriée à sa sensibilité et à ses facultés. Dans le cas de l'écriture inspirée, la pensée de l'Esprit traverse le mental du médium, qui écrit alors comme s'il prenait une dictée. Sa main n'écrit pas sous l'impulsion d'une force extérieure, c'est lui qui écrit les pensées que l'Esprit lui suggère. Un médium semi-automatique recevra dans son mental le message transmis par l'Esprit, en même temps que sa main écrira sous l'impulsion d'une volonté extérieure. Tandis que dans le cas de l'écriture automatique, ou psychographie, le médium n'a pas conscience de ce qui s'écrit sur la feuille ; il en prend connaissance une fois la réception du message terminée. C'est ce qui s'est passé lors de mon expérience au tableau lorsque j'étais enfant.

Selon les facultés du médium, le message pourra être reçu par écriture, clairaudience, clairvoyance, psychophonie, ou lors d'une transe. Néanmoins, le phénomène s'opère toujours de la même façon : l'Esprit mêle son rayonnement fluidique à l'énergie fluidique animalisée dégagée par le médium, puis délivre son message que le médium retransmet. Le périsprit étant relié à notre corps physique avec lequel il est en contact moléculaire, lorsqu'une connexion fluidique s'établit, le médium peut ressentir physiquement des impressions liées à la nature de l'Esprit qui se manifeste. Si c'est un Esprit élevé, les fluides purs produiront sur le médium une impression douce et agréable, une sensation de paix et de tranquillité. Si, par contre, il s'agit d'un Esprit inférieur, les fluides lourds produiront une impression pénible et inconfortable, le médium se sentira nerveux et agité. C'est par cette connexion fluidique que l'Esprit peut transmettre au médium des sensations physiques tels que des goûts, des parfums, ou des douleurs qu'il avait à la fin de sa vie terrestre.

Ces sensations servent de signes d'identification ; c'est un moyen qui permet à l'Esprit de se faire reconnaître auprès de ses proches sur terre.

Dans le cas des matérialisations, le périsprit étant composé de matière, bien que subtile et éthérée, il peut momentanément se matérialiser et devenir tangible. Cela peut surprendre au premier abord, mais ne voyons-nous pas des phénomènes analogues se produire sur Terre à un autre niveau ? La vapeur peut passer de l'état invisible à l'état brumeux, états dans lesquels elle est impondérable, puis par un effet de condensation devenir tangible à l'état liquide, et même solide lorsqu'elle devient de la glace, puis revenir à un état éthéré par la raréfaction. Ce phénomène répond à une loi de la nature que nous avons tous pu observer.

Cette comparaison nous montre que les faits de matérialisation n'ont rien de surnaturel. Des lois existent dans le monde spirituel et s'opèrent sur une matière subtile, fluidique, que nous n'avons pas encore pu soumettre à analyse, mais dont nous pouvons observer l'existence et les effets par l'expérimentation. Les moulages obtenus par le Dr Gustave Geley en sont un parfait exemple. Ces explications nous aident à mieux comprendre le fonctionnement des phénomènes spirites qui semblent au premier abord, extraordinaires, alors qu'en réalité ils font partie de lois de la nature simplement méconnues. L'aspect mystérieux vient du fait qu'il se produit sous nos yeux un fait que nous ne pouvons pas expliquer par les lois connues, mais lorsqu'on en comprend la cause, ces phénomènes rentrent alors dans la catégorie des faits naturels, et leur aspect extraordinaire disparaît.

Parlons maintenant des débuts. Quand j'ai découvert que j'avais la capacité de communiquer avec le monde invisible, je n'avais qu'une envie : leur poser des questions sur tout. Je leur demandais des conseils, des avis, parce qu'à cette époque j'étais persuadée d'être en contact avec mon guide, un Esprit bon et bienveillant. Et, c'est là que j'ai commencé à glisser doucement vers le bas. Il faut résister à l'envie de leur poser des questions. Nous avons tous un guide spirituel qui veille sur nous, mais il n'est pas là pour répondre à toutes nos questions, ni pour solutionner des situations qu'il n'appartient qu'à nous de résoudre par notre libre arbitre. Où serait notre mérite si pour chaque choix que nous avons à faire dans notre vie, les réponses nous étaient données ?

Certes, au départ, lorsqu'on découvre que l'on peut communiquer avec le monde spirituel, et qu'on pense être en contact avec de bons Esprits, c'est très tentant de leur demander des conseils, que ce soit pour notre vie professionnelle, sentimentale, ou autre. Il peut arriver dans les communications spirites, que le médium commence à parler avec l'Esprit comme s'il se confiait à un ami ; les échanges prennent petit à petit un caractère intime et personnel. Cela est TRÈS dangereux, parce que les Esprits qui viendront échanger avec vous durant de longs moments en vous disant les mots que vous avez justement *envie* d'entendre, ne sont pas vos guides, mais des Esprits inférieurs qui prendront les meilleurs masques afin de gagner progressivement votre confiance, et c'est ce qui représente le plus grand danger en matière de médiumnité.

Lors de la transmission d'un message, la complexité se trouve dans le fait que puisque nous communiquons avec l'invisible, n'importe quel Esprit peut venir se manifester.

Alors, quand le médium reçoit un message, doit-il répéter à la personne qui se trouve en face de lui tout ce que l'Esprit lui transmet ?

Non. Le médium ne doit pas retransmettre aveuglément ce que l'Esprit lui dit. Puisque le but est d'aider la personne qui vient nous consulter, il est primordial d'analyser, et de se demander si le message que l'Esprit souhaite transmettre va aider la personne, ou pas. Va-t-il lui apporter consolation, réconfort et espoir ? Le médium est responsable des conséquences de ce qu'il choisit de transmettre.

Il est évident que dans le cas d'une personne en souffrance suite à la perte d'un être cher, on ne peut pas lui répéter sans réfléchir tout ce qui nous est transmis. La responsabilité est trop grande, le médium se doit de filtrer. C'est à lui d'analyser ce qu'il entend, et de ne laisser passer que ce qui pourra aider la personne en face de lui, car c'est bien ça le but : apporter réconfort et apaisement.

Léon Denis nous dit dans son livre *Dans l'invisible, spiritisme et médiumnité* : « *Il faut unir les connaissances théoriques à l'esprit de contrôle et à l'élévation morale pour être apte à discerner, dans le spiritisme, le bien du mal, le vrai du faux, la réalité de l'illusion. Il faut se rendre compte du véritable caractère de la médiumnité, des responsabilités qu'elle entraîne, des fins en vue desquelles elle nous est accordée.* »

C'est indispensable. Certains détails peuvent être transmis au médium au moment de transmettre un message afin de l'aider à comprendre la situation. En revanche, ils ne sont pas forcément destinés à être retransmis au consultant, c'est très important.

Par exemple, dans le cas d'un parent qui a perdu son enfant suite à un accident de la route particulièrement violent, lui livrer certains détails que nous percevons de la scène ne fera que raviver sa douleur et son chagrin. L'identification est évidemment nécessaire, mais certains détails ne doivent pas être transmis s'ils sont susceptibles de faire souffrir la personne au lieu de l'aider. Le discernement doit être la priorité dans tout ce que nous recevons, qu'il s'agisse de visions, de voix, de psychographie, et également dans tous les aspects de notre vie.

Souvent lorsqu'on débute, nous cherchons absolument à décrypter les messages ou les dessins que l'on reçoit, essayant de trouver un sens là où quelquefois, il n'y en a pas. Tout ce que l'on reçoit doit être considéré de la même manière que si nous l'avions reçu de façon anonyme dans notre boîte aux lettres. Si le message ou le dessin ne signifie rien, et bien il ne signifie rien ; il est inutile de chercher plus loin.

La médiumnité, pour bien se développer, a besoin de **discipline**. Le médium doit s'épurer en travaillant à son auto-perfectionnement, et toujours exercer son discernement. La médiumnité n'est pas un privilège. Elle est donnée dans un but noble, utile, pour faire le bien, et implique toujours une très grande responsabilité. Les qualités morales du médium ont une influence capitale sur la nature des Esprits qui se communiqueront par son intermédiaire : c'est la loi de *syntonie* ou loi des *affinités*. La qualité essentielle pour être un bon médium est l'humilité.

Nous vivons dans une atmosphère spirituelle (le fluide universel) dans laquelle se mêlent d'innombrables courants fluidiques.

Le fluide universel est le support de transmission des pensées, comme l'air est le support de transmission du son. Les pensées et les sentiments des Esprits -incarnés et désincarnés- impriment certaines qualités aux fluides. Vous vous souvenez dans mon journal lorsque je parlais des *influences* qui avaient un effet très fort sur moi, à tel point que tout mon état s'en trouvait transformé ? C'est de cela dont il s'agit.

Dans le livre « L'obsession », Allan Kardec dit :
« L'homme vivant au milieu du monde invisible est incessamment soumis à ces influences, comme à celles de l'atmosphère qu'il respire, et cette influence se traduit par des effets moraux et physiologiques dont il ne se rend pas compte. Cette influence diffère naturellement selon les qualités bonnes ou mauvaises de l'Esprit. »

Les bons fluides sont le résultat de pensées nobles et de purs sentiments, tandis que les pensées et les sentiments inférieurs, incorrects, impurs, génèrent de mauvais fluides. Entre eux, les fluides peuvent se combiner ou se repousser. Les fluides similaires se combinent, tandis que les fluides contraires se repoussent. Comme nous l'avons vu, l'homme est un être en trois parties : l'esprit, le périsprit, et le corps physique. Le périsprit, par sa nature fluidique, n'est pas confiné dans le corps : il rayonne et forme une atmosphère périspritale propre à chaque être, incarné ou désincarné. Nous rayonnons ce que nous sommes.

Voici un autre extrait du livre *L'obsession*, d'Allan Kardec :
« Supposons que deux personnes soient près l'une de l'autre, enveloppées chacune de leur atmosphère périspritale.

Ces deux fluides vont se mettre en contact, se pénétrer l'un l'autre. S'ils sont de nature antipathique, ils se repousseront, et les deux individus éprouveront une sorte de malaise à l'approche l'un de l'autre, sans comprendre pourquoi. Si par contre leurs fluides sont imprégnés de sentiments bons et bienveillants, ils s'attireront (les deux personnes se sentiront immédiatement bien, en présence l'une de l'autre). Un certain "je ne sais quoi" nous dit souvent que la personne en face de nous est animée de tel ou tel sentiment. Or, ce "je ne sais quoi", c'est l'expansion du fluide périsprital de la personne en contact avec le nôtre, sorte de fil conducteur de la pensée. »

Ceci étant bien compris, nous arrivons sans difficulté à comprendre l'action matérielle des Esprits sur nous, et à l'explication de la médiumnité. Lorsqu'un Esprit veut agir sur le médium, il s'en approche et l'enveloppe pour ainsi dire de son périsprit comme d'un manteau. Les fluides se pénétrant, les deux pensées et les deux volontés se confondent ; l'Esprit peut alors se servir du corps du médium comme du sien propre, le faire agir selon sa volonté : parler, écrire, dessiner, etc. Par ses intentions, ses pensées, et les sentiments qui l'animent, le médium va attirer auprès de lui des Esprits dont les intentions, les pensées et les sentiments seront *de même nature*. C'est ce qu'on appelle *loi des affinités* ou *loi de syntonie*. En effet, la médiumnité en elle-même est neutre : ni bonne, ni mauvaise. C'est l'attitude du médium qui va déterminer quels types d'Esprits vont venir l'entourer.

Léon Denis dit dans son livre, *Esprits et médiums* : « *Tout, dans l'expérimentation spirite, dépend de l'intervention des invisibles. Leur action varie de nature et de qualité suivant la valeur des entités qui se manifestent.* »

Comment faire pour attirer de bons Esprits ?

Pour attirer de bons Esprits, il faut être animé d'une sincère volonté de faire le bien, de servir, dans un but impersonnel. Être bon, et si on l'est déjà, s'efforcer de devenir meilleur en corrigeant nos imperfections, car sur Terre, nul n'est parfait. Travaillons à nous détacher petit à petit de nos désirs personnels, apprenons à être humbles, charitables, tolérants, et indulgents envers les imperfections d'autrui. Cela demande du temps, mais quand on désire ardemment s'améliorer et que l'on travaille en ce sens, alors les Esprits supérieurs nous aident.

Ils voient notre bonne volonté et nos efforts pour aller vers le bien, et pour eux c'est tout ce qui compte.

En nous aidant nous-mêmes, nous attirons auprès de nous des Esprits élevés qui vont nous assister dans ce que nous entreprenons. C'est exactement l'application de cette phrase : « Aide-toi, le ciel t'aidera ». Nous pouvons les appeler, mais pour les faire venir jusqu'à nous, nous devons faire le travail nécessaire afin de nous élever jusqu'à eux. Il nous appartient de faire la moitié du chemin afin d'obtenir cette **syntonie**, cette ***affinité au niveau vibratoire**, au niveau des pensées et des intentions*.

On peut donc dire que les qualités qui attirent auprès de nous les bons Esprits sont : l'humilité, la bonté, la bienveillance, la charité, le dévouement, la simplicité du cœur et le détachement des choses matérielles. Les défauts qui attirent les Esprits inférieurs sont : l'orgueil, l'égoïsme, l'envie, la jalousie, la haine, la colère, l'intolérance, la rancune, la cupidité, la sensualité, et toutes les passions par lesquelles l'homme s'attache à la matière.

Le vrai combat et premier travail qu'un médium doit exécuter est donc son auto-perfectionnement. Il doit travailler à l'amélioration de sa personnalité.

Voici un extrait tiré du livre *Médiums et médiumnités*, de Divaldo Peirera Franco : « *Médiums, mettez à profit cette faculté que Dieu veut bien vous accorder. Ayez la charité toujours en pratique ; ne vous lassez jamais d'exercer cette sublime vertu ainsi que la tolérance. Que toujours vos actions soient en harmonie avec votre conscience, c'est un moyen certain de centupler votre bonheur dans cette vie passagère, et de vous préparer une existence mille fois plus douce encore.*
Que le médium d'entre vous qui ne se sentirait pas la force de persévérer dans l'enseignement spirite s'abstienne, car ne mettant pas à profit la lumière qui l'éclaire, il sera moins excusable qu'un autre, et il devra expier son aveuglement. »

Voilà le point de grande responsabilité du médium : sa conduite. Le médium devra répondre de l'usage qu'il aura fait de sa médiumnité.

Léon Denis dit dans son livre *Dans l'invisible, spiritisme et médiumnité* : « *Médiums débutants, soyez assurés que l'on veille sur vous, que votre persévérance est mise à l'épreuve. La période d'exercice, de travail préparatoire, parfois si fertile en manifestations grossières et en mystifications, est une phase normale du développement de la médiumnité. C'est une école où notre patience et notre jugement s'exercent, où nous apprenons à nous familiariser avec les habitants de l'Au-delà. Durant ce temps d'épreuve et d'étude élémentaire, vous devrez vous tenir sur vos gardes, ne jamais vous départir d'une prudente réserve.*

Vous devrez éviter avec soin les questions oiseuses ou intéressées, les plaisanteries, tout ce qui a un caractère frivole et attire les Esprits légers. Lorsque vous serez parvenu au point voulu, des influences plus hautes descendront sur vous et continueront votre éducation psychique. Ne recherchez pas la médiumnité dans un but de simple curiosité ou de pur amusement, mais voyez-y un don du ciel, une chose sacrée, que vous devez utiliser avec respect pour le bien de vos semblables. Élevez vos pensées vers les âmes généreuses qui travaillent au progrès de l'humanité ; elles viendront à vous, vous soutiendront, et vous protégeront. Grâce à elles, les difficultés du début, les déceptions inévitables que vous subirez, n'auront pas de conséquences fâcheuses ; elles éclaireront votre raison et développeront vos forces fluidiques. La bonne médiumnité se forme lentement, dans l'étude calme, silencieuse, recueillie, loin des plaisirs mondains, loin du bruit des passions. Après une période de préparation et d'attente, le médium recueille le fruit de ses persévérants efforts. Il reçoit des Esprits élevés la consécration de ses facultés, mûries dans le sanctuaire de son âme, à l'abri des suggestions de l'orgueil. S'il garde dans son cœur la pureté d'acte et d'intention, il deviendra, avec l'assistance de ses guides, un coopérateur utile dans l'œuvre de régénération qu'ils poursuivent. Rien de grand ne s'acquiert sans peine. Une lente et laborieuse initiation est imposée à ceux qui recherchent les biens supérieurs. »

Le temps est venu pour tous les hommes de s'éveiller à l'immortalité de l'Être, et c'est dans ce but que les Esprits se manifestent aujourd'hui sur tous les points de la Terre. La médiumnité se révèle chez des personnes de tous âges et de toutes conditions, chez les hommes, les femmes, les enfants et les personnes d'âge mûr.

Voici un extrait du livre *l'Évangile selon le spiritisme*, d'Allan Kardec : « *Pour connaître les choses du monde visible et découvrir les secrets de la nature matérielle, Dieu a donné à l'homme la vue du corps, les sens, et des instruments spéciaux ; avec le télescope, il plonge ses regards dans les profondeurs de l'espace, et avec le microscope il a découvert le monde des infiniment petits. Pour pénétrer dans le monde invisible, il lui a donné la médiumnité. Les médiums sont les interprètes chargés de transmettre aux hommes les enseignements des Esprits ; ou mieux, ce sont les organes matériels par lesquels s'expriment les Esprits pour se rendre intelligibles aux hommes.*

Leur mission est sainte, car elle a pour but d'ouvrir les horizons de la vie éternelle. Les Esprits viennent instruire l'homme sur ses destinées futures, afin de le ramener dans la voie du bien, et non pour lui épargner le travail matériel qu'il doit accomplir ici-bas pour son avancement, ni pour favoriser son ambition et sa cupidité... Voilà ce que les médiums doivent bien comprendre, afin d'utiliser au mieux leur faculté. Celui qui comprend la gravité du mandat dont il est investi, l'accomplit avec sérieux et discipline ; sa conscience lui reprocherait de faire un amusement et une distraction, pour lui ou les autres, d'une faculté donnée dans un but aussi sérieux, et qui le met en rapport avec les Êtres spirituels. »

Comme interprètes de l'enseignement des Esprits, les médiums doivent être bien conscients de leur responsabilité, car les services qu'ils peuvent rendre sont en raison de la bonne direction qu'ils donnent à leur faculté. Le médium qui veut conserver l'assistance des bons Esprits doit travailler à sa propre amélioration. Celui qui veut développer et voir grandir sa faculté, doit moralement grandir lui-même, s'abstenir de tout ce qui tendrait à la détourner de son but providentiel, travailler à s'épurer des sentiments inférieurs comme l'égo, l'orgueil et la vanité.

Les facultés dont jouissent les médiums attirent les éloges, l'admiration et l'adulation, et cela constitue un des plus grands dangers liés à la médiumnité. Le médium n'est qu'un instrument et ne doit jamais oublier que, par lui-même, il ne peut rien. Ce que j'ai vécu ces treize dernières années en est le parfait exemple. Si le monde spirituel ne veut pas se manifester, nous ne pouvons rien forcer. De ce fait, lorsqu'une communication apporte la joie et la consolation, c'est le monde spirituel qu'il faut remercier. Ce qui doit nous rendre fiers, c'est le travail que nous accomplissons pour notre réforme intime, et les efforts que nous faisons pour agir au mieux. Sans cela, la médiumnité est une faculté stérile qui peut même tourner au préjudice de celui qui la possède, car elle peut dégénérer en obsession dangereuse.

Obtenir l'assistance des bons Esprits, écarter les Esprits légers et menteurs, voilà ce à quoi doit s'attacher tout médium sérieux. Quiconque veut s'éclairer doit fuir les ténèbres, et les ténèbres sont dans l'impureté du cœur. Le médium qui comprend son devoir ne peut tirer d'orgueil d'une faculté qui ne lui appartient pas, puisqu'elle peut lui être retirée à tout moment. Il doit agir pour le bien dans un esprit de service.

Comment se protéger efficacement lorsqu'on entre en contact avec le monde invisible ? Il faut prendre le temps d'étudier sérieusement le spiritisme, pour acquérir de bonnes bases théoriques avant de commencer la pratique, et travailler à s'améliorer afin d'attirer à nous de bons Esprits.

Il n'existe pas de méthode simple et rapide pour éloigner les mauvais Esprits. Allan Kardec disait qu'il n'y a aucun procédé plus efficace pour vaincre un ennemi que d'être plus fort que lui. Nous devons être bien conscients qu'il n'y a pour se protéger ni paroles sacramentelles, ni formules, talismans, rituels ou signes matériels quelconques. Avant d'espérer dompter les mauvais Esprits, il faut se dompter soi-même.

Nous en revenons donc à l'importance de l'auto-perfectionnement. Mais comment y parvenir ?
À la base, il faut un désir ardent de s'élever jusqu'à ce monde d'Amour et de Lumière, puis accepter de fournir tout le travail et les efforts qui s'avèreront nécessaires. La première étape (et cela est d'autant plus vrai lorsqu'on manque de confiance ou d'estime de soi) est de s'analyser avec la plus grande honnêteté, afin de prendre conscience de nos imperfections et de nos faiblesses, car il n'y a qu'en les connaissant que l'on peut travailler à les dépasser.

Il est donc indispensable de faire un travail d'introspection en profondeur : pourquoi ai-je réagi de cette façon ? Pourquoi me suis-je énervée ? En s'analysant de façon constructive, on finit toujours par trouver les réponses. Nous prenons alors conscience des points sur lesquels nous devons travailler. Ensuite, il suffit de fournir les efforts nécessaires, au quotidien, et persévérer.

J'ai pris l'habitude chaque soir avant de m'endormir, de repenser à ma journée. J'analyse mes pensées, mes paroles, mes actes, et je vois ainsi les points imparfaits dans mon attitude. J'en prends simplement conscience, sans me fustiger, sans culpabiliser, et j'essaie de faire mieux le jour suivant. Il faut s'entraîner à cultiver un état de vigilance constante sur notre attitude en journée, travailler à se maîtriser. Le soir, on peut se poser ces questions : Ai-je été douce ? Calme ? Tolérante ? Aimante ? N'ai-je critiqué personne ? Est-ce que personne n'a eu à se plaindre de moi ? Ai-je réussi à dire les choses qui devaient être dites avec calme, douceur, respect, et sans juger ? Qu'ai-je fait pour les autres ? Faire cet examen de conscience est un puissant moyen de travail au quotidien.

Georges Barbarin l'exprime très joliment dans son livre *Vivre divinement* : « *Ma journée est finie, et mon fardeau ramassé. Je pose mon fagot d'espoirs et ma gerbe d'actes. Tout mon butin du jour est étendu devant moi. Il y a un monde là-dedans : du pire et de l'inutile, mais aussi du bon et du meilleur. Je trie mes intentions avec soin ; je mets à gauche ce qui est laid, souillé, je mets à droite ce qui est beau et pur (...) c'est pour cette pincée d'or que j'ai travaillé toute la journée. N'y eut-il qu'une paillette minuscule, celle-ci justifierait mon effort. Seigneur, qu'elle soit riche ou pauvre, je T'apporte ma journée. Le moindre élan est de diamant, la moindre intention est d'or.* »

Voici quelques-unes de mes notes qui peuvent vous aider dans votre travail de réforme intime. Il suffit de s'en servir tout en s'imposant une auto-discipline, puis persévérer.

– Comprendre que notre attitude ne doit pas dépendre de celles des autres. Si quelqu'un se comporte mal vis-à-vis de nous, c'est SA responsabilité. Notre responsabilité à nous, est de mettre toute notre énergie à ne pas répondre, car si nous répondons, c'est parce que notre égo aura été offensé ; et quelles en seront les conséquences si nous contre-attaquons ? Nous créerons la même énergie destructrice que celle qui nous a blessé, et nous entrerons dans un conflit qui n'apportera rien de positif, pour personne.

– Renoncer au besoin d'avoir raison. Combien de fois certaines discussions ont tourné au vinaigre parce que nous n'étions pas du même avis que notre interlocuteur sur un sujet précis ? Il nous arrive même de nous fâcher avec des proches simplement parce que nos désaccords entraînent de part et d'autre l'incompréhension, l'animosité, la colère.

C'est lorsqu'on se trouve dans une discussion de ce genre qu'il faut se poser la question : Qu'est-ce que je veux vraiment : est-ce que je veux avoir raison ? Ou préserver la paix ?

En faisant le choix d'être plus fort que notre égo, nous plaçons l'amour au-dessus du reste. Il en va de même pour le pardon. Demander pardon pour quelque chose que l'on a fait et que l'on regrette, ou pardonner à quelqu'un qui nous a blessé, c'est le moyen d'être en paix et ce, quelle que soit la réaction de la personne en face de nous.

– Ne pas porter de jugement sur les gens. Nous sommes tous différents avec notre passé, nos vécus, nos croyances. Nul n'est parfait. Nous avons tous nos qualités et nos défauts ; nous commettons tous des erreurs. Nous devons apprendre à accepter les imperfections d'autrui en songeant que si nous ne le faisons pas, pourquoi les autres devraient-ils accepter nos défauts ?

– Vivre les difficultés de notre vie en toute conscience pour ce qu'elles sont, c'est à dire des épreuves-opportunités. La vie sur Terre est une école avec ses tests et ses épreuves à surmonter. C'est au cœur même de l'épreuve que se trouve notre opportunité. La souffrance peut nous sembler insurmontable, extrêmement difficile à vivre, mais si nous vivons cette épreuve, c'est que nous avons en nous la force de la traverser.

– Ne jamais chercher à être meilleur que les autres, mais simplement meilleur que celui ou celle que nous étions la veille.

Nous concentrer sur notre amélioration, en sachant que nous sommes tous égaux devant Dieu. Ne pas chercher les plaisirs, la reconnaissance, la réussite ; s'attacher uniquement à acquérir les biens éternels, les richesses impérissables. Lorsqu'on commence à vouloir parler des trésors intérieurs, on se retrouve vite confronté à l'ineffable, parce qu'il n'y a pas de mots. C'est un peu comme les personnes qui vivent une expérience de mort provisoire, et qui disent qu'aucun mot ne peut exprimer ce qu'elles ont vu ou ressenti, parce qu'aucun n'est assez fort. Il en est de même en ce qui concerne la purification du cœur et la transformation intérieure ; il faut le vivre pour le comprendre.

Je suis partie, on peut le dire, du fond du gouffre. Non seulement j'étais subjuguée par de mauvais Esprits, mais je manquais aussi cruellement de confiance et d'estime de moi. Tout était à faire.

Lorsque j'entre-apercevais tout le travail qui m'attendait et que je commençais à avoir peur, mon guide me disait : « *Ne regarde pas tout l'escalier, travaille à franchir juste la première marche* ».

Durant toutes ces années, j'ai commencé à prier énormément ; dorénavant je le fais chaque jour, simplement parce que j'en ressens *le besoin*. Lorsqu'on a gouté cette aide immense que nous apporte la prière, on ne peut plus s'en passer. Tout est là. Si vous avez le désir ardent de collaborer avec les sphères de lumière, et que vous fournissez tous les efforts nécessaires, alors vous y arriverez.

J'adore cette citation de Georges Clémenceau : « *La seule façon d'échouer, c'est d'abandonner avant d'avoir réussi* ».

Travailler à l'amélioration de notre personnalité permet donc d'attirer à nous de bons Esprits, mais pour nous assurer une protection optimale cela ne suffit pas. En matière de communication avec l'invisible, l'étude est indispensable car, même avec une intention pure, si nous n'avons pas les connaissances fondamentales qui régissent les contacts avec le monde invisible, nous ne saurons pas reconnaître les pièges afin de pouvoir les éviter. Les ouvrages de référence à étudier sont, à mon sens, *Le livre des esprits* et *Le livre des médiums*, d'Allan Kardec, ainsi que *Dans l'invisible, spiritisme et médiumnité*, de Léon Denis.

Le médium qui souhaite exercer sa médiumnité dans un but élevé en se protégeant des dangers, doit s'imposer une auto-discipline et respecter les règles de la science spirite, car l'expérience nous enseigne que les difficultés et les mécomptes rencontrés dans la pratique, ont leur source dans l'ignorance des principes de cette science. L'étude apportera au médium de solides connaissances théoriques, son travail d'auto-perfectionnement et sa volonté de faire le bien attireront à lui des Esprits élevés qui viendront le seconder, et la prière lui permettra de recevoir l'aide nécessaire afin de surmonter les épreuves placées sur son chemin.

Intention pure, travail de réforme intime, étude, vigilance constante et discernement, voilà les clés qui vous permettront de vous protéger efficacement, et d'être un collaborateur utile pour les Esprits supérieurs.

Voici les conseils donnés à un médium par le monde spirituel, extraits du livre : *Chronique d'un centre spirite, d'Emanuel Cristiano.*

Je souhaite les partager avec vous, car il ne fait aucun doute qu'ils seront utiles à tous les médiums soucieux de bien utiliser leurs facultés.

Nous attendons de toi que ta vie témoigne en faveur des enseignements dont tu es l'interprète.
*
Rappelle-toi que pour réussir dans la médiumnité, il est essentiel de se considérer comme un humble serviteur.
Préserve-toi de l'enthousiasme orgueilleux, délivre-toi de la vanité et maintiens-toi dans l'étude disciplinée du spiritisme.
*
Tu auras besoin de travailler beaucoup pour remercier le Créateur, car la médiumnité est le chemin de ton propre progrès.
*
Occupe toujours ton mental par des pensées positives.
Participe aux œuvres d'assistance sociale.
L'exemple que tu donnes sur la terre,
doit consolider les messages des « Cieux » concernant la charité.

*

*De nombreuses personnes te feront des éloges ;
cela constitue un des obstacles les plus importants à la médiumnité.
Évite-les toujours.
Si cela n'est pas possible, reporte les mérites sur le Créateur.
N'en retiens qu'un encouragement à poursuivre ce travail.*

*

*Tu seras tenté d'innombrables fois de céder à tes tendances
et à tes faiblesses les plus intimes ;
mais la Providence Divine t'a pourvu des livres de la codification
de Kardec pour que tu puisses endurer et vaincre.*

*

*Les adversaires du bien te chercheront certainement,
désirant éteindre la lumière qui illumine les consciences ;
Tu devras être vigilant dans ton travail, et assidu dans la prière !*

*

*Il t'arrivera sans doute de te sentir seul
dans la poursuite de ton idéal.
Ne t'arrête pas à ces sentiments de pitié envers toi-même,
relève la tête et continue ton chemin.*

*

Agis toujours avec honnêteté ; sois discret autant que tu le peux.

*

*Et si par hasard la vie place des cailloux sur ton chemin,
supporte-les patiemment.*

*

*Si tu demeures dans cet idéal, avançant avec humilité,
la protection et le soutien ne te manqueront pas.*

Dans les communications spirites, il est indispensable de savoir reconnaître quel *type d'Esprit* se manifeste. Si l'identité absolue est dans beaucoup de cas sans importance, il n'en est pas de même de la distinction entre les bons et les mauvais Esprits.

Leur individualité peut nous être indifférente, mais leur **qualité** ne l'est jamais. C'est donc sur ce point que nous devons concentrer toute notre attention. L'échelle spirite nous informe sur la valeur d'une communication transmise par un Esprit, quelle que soit l'identité sous laquelle il se présente.

L'Esprit qui se manifeste est-il bon ou mauvais ? À quel degré de l'échelle spirite appartient-il ? Là est la question capitale. Il est absolument nécessaire de se référer à l'échelle spirite, contenue dans *Le livre des esprits* d'Allan Kardec, que nous allons voir maintenant.

L'échelle spirite

On ne doit jamais perdre de vue que parmi les Esprits, aussi bien que parmi les hommes, il y en a de forts ignorants ; et on ne saurait trop se mettre en garde contre la tendance à croire que *tous* doivent *tout* savoir parce qu'ils sont Esprits. Pour établir l'échelle spirite, Allan Kardec a observé et étudié des milliers de communications d'Esprits, puis les a classées par similitudes. L'échelle spirite se compose de trois grandes catégories principales.

– Dans la première catégorie, celle du troisième ordre qui est au bas de l'échelle, se trouvent les Esprits imparfaits, caractérisés par la prédominance de la matière sur l'esprit et la propension au mal.

– Ceux de la seconde catégorie sont caractérisés par la prédominance de l'esprit sur la matière, et par le désir du bien : ce sont les bons Esprits.

– La première catégorie comprend les purs Esprits, ceux qui ont atteint le suprême degré de perfection, et pour qui la réincarnation n'est plus nécessaire. Ce sont ces Esprits que l'on qualifie d'anges.

L'Identité des Esprits

Allan Kardec, avec le concours des Esprits supérieurs qui l'assistaient dans sa tâche, a fait ressortir par des subdivisions de ces trois catégories, les nuances principales de l'ensemble. À l'aide de ce tableau, il sera facile de déterminer le rang et le degré de supériorité ou d'infériorité des Esprits avec lesquels nous pouvons entrer en contact, et par conséquent, le degré de confiance et d'estime qu'ils méritent. C'est en quelque sorte **la clé** de la science spirite, car il peut à lui seul nous permettre de savoir quel type d'Esprit se communique.

L'échelle spirite est indispensable pour apprendre à discerner, reconnaître les signes qui doivent nous alerter sur ce que dirait ou ne dirait pas un bon Esprit, parce qu'il ne faut jamais oublier que les Esprits menteurs pullulent dans l'invisible. J'ai choisi de partager ici les extraits qui me semblent les plus importants. Ceux qui le souhaitent pourront consulter l'échelle spirite complète dans *le livre des esprits* d'Allan Kardec.

TROISIÈME ORDRE - ESPRITS IMPARFAITS
Caractères généraux :

Prédominance de la matière sur l'esprit. Propension au mal. Ignorance, orgueil, égoïsme, et toutes les mauvaises passions qui en sont la suite. Ils ont l'intuition de Dieu, mais ne le comprennent pas. Tous ne sont pas essentiellement mauvais ; chez quelques-uns, il y a plus de légèreté, d'inconséquence et de malice que de véritable méchanceté. Les uns ne font ni bien ni mal ; mais par cela même qu'ils ne font point de bien, ils démontrent leur infériorité. D'autres, au contraire, se plaisent au mal et sont satisfaits lorsqu'ils trouvent l'occasion de le faire. Ils peuvent allier l'intelligence à la méchanceté ou à la malice, mais quel que soit leur développement intellectuel, leurs idées sont peu élevées et leurs sentiments plus ou moins abjects.

Leurs connaissances sur les choses du monde spirite sont bornées, et le peu qu'ils en savent se confond avec les idées et les préjugés de la vie corporelle. Leur caractère se révèle par leur langage.

Tout Esprit qui, dans ses communications, trahit ne serait-ce qu'une mauvaise pensée, peut être classé dans cette catégorie du troisième ordre. Par conséquent, toute mauvaise pensée qui nous est suggérée nous vient d'un Esprit de cet ordre.

On peut les diviser en cinq classes principales :

Dixième classe - Esprits impurs
Ils sont enclins au mal et en font l'objet de leurs préoccupations. Ces Esprits donnent des conseils perfides, soufflent la discorde et la défiance, et prennent tous les masques pour mieux tromper. Ils s'attachent aux caractères assez faibles pour céder à leurs suggestions afin de les pousser à leur perte, satisfaits de pouvoir retarder leur avancement en les faisant succomber dans les épreuves qu'ils subissent. Dans les manifestations, on les reconnaît à leur langage. La trivialité et la grossièreté des expressions, chez les Esprits comme chez les hommes, sont toujours un indice d'infériorité morale, sinon intellectuelle. Leurs communications décèlent la bassesse de leurs inclinations, et s'ils veulent nous tromper en s'exprimant d'une manière censée, ils ne peuvent soutenir leur rôle bien longtemps, et finissent toujours par trahir leur origine. Ces Esprits font le mal pour le plaisir de le faire, le plus souvent sans motif, et par haine du bien, ils choisissent presque toujours leurs victimes parmi les honnêtes gens.

J'aimerais ajouter que ces Esprits lisent dans nos pensées, et s'en servent à la perfection pour mieux nous tromper. Ils utilisent de belles paroles, agissent avec habileté, doucement, insidieusement, et se servent très souvent de nos faiblesses liées à l'orgueil, faites extrêmement attention à cela. Soyez vigilants face aux compliments et aux paroles que vous avez justement *envie* d'entendre. Ne baissez jamais votre garde, soyez très prudents, ne leur faites jamais confiance.

Neuvième classe - Esprits légers

Ces Esprits sont ignorants, malins, inconséquents et moqueurs. Ils se mêlent de tout, répondent à tout sans se soucier de la vérité. Ils se plaisent à causer de petites peines et de petites joies, à faire des tracasseries, à induire malicieusement en erreur, par des mystifications ou des espiègleries. Dans leurs communications, leur langage est quelquefois spirituel et facétieux, mais presque toujours sans profondeur.

La profondeur du message est un des points essentiels que j'ai appris. Il y a de nombreuses communications qui **à première vue**, semblent très belles. Les mots utilisés par l'Esprit peuvent, en surface, laisser apparaître un très beau texte, mais ce qu'il faut s'entraîner à faire, c'est de scruter **le fond**. Le fond des idées, des pensées, le fond du message qui nous est transmis, et on peut alors découvrir que le fond est vide de sens. Sur un long message, rempli de belles paroles, le fond peut être vide de sens. Soyez très attentifs à cela.

Huitième classe - Esprits faux-savants

Leurs connaissances sont assez étendues, mais ils croient savoir plus qu'ils ne savent en réalité. Ayant accompli quelques progrès à divers points de vue, leur langage a un caractère sérieux qui peut donner le change sur leurs capacités et leurs lumières ; mais ce n'est le plus souvent qu'un reflet des préjugés et des idées systématiques de la vie terrestre. C'est un mélange de quelques vérités, à côté des erreurs les plus absurdes, au milieu desquelles percent la présomption, l'orgueil, la jalousie et l'entêtement dont ils n'ont pas encore pu se dépouiller.

Il y a des Esprits obsesseurs qui ont l'orgueil du faux-savoir. Ils ont leurs idées, leurs systèmes de croyance sur les sciences, l'économie sociale, la morale, la religion, la philosophie ; ils veulent faire prévaloir leur opinion et cherchent à cet effet des médiums assez crédules pour les accepter les yeux fermés, et qu'ils fascinent pour les empêcher de distinguer le vrai du faux.

Ces Esprits sont les plus dangereux. Ils cherchent à éblouir par un langage pompeux, plus prétentieux que profond, hérissé de termes techniques, et orné de grandes paroles de charité et de morale. Ils se garderont de donner un mauvais conseil, parce qu'ils savent bien qu'ils seraient démasqués ; aussi ceux qu'ils abusent les défendent à outrance en disant : « vous voyez bien qu'ils ne disent rien de mauvais ! » Mais, la morale n'est pour eux qu'un passeport, c'est le moindre de leurs soucis. Ce qu'ils veulent avant tout, c'est dominer et imposer leurs idées, aussi déraisonnables qu'elles soient.

Les Esprits de ce type sont généralement assez écrivassiers, c'est pourquoi ils recherchent des médiums qui écrivent avec facilité, et dont ils tâchent de se faire des instruments dociles et surtout enthousiastes en les fascinant. Ils s'expriment dans un flot de paroles superflues ou vides de sens, constituant des textes trop longs, diffus, et chargés de détails inutiles, cherchant à compenser la qualité par la quantité, et se plaisent à dicter à leurs interprètes de volumineux écrits.

Les Esprits vraiment supérieurs sont sobres de paroles, ils disent beaucoup de choses en peu de mots. Aussi, cette fécondité prodigieuse dans les écrits médiumniques doit-elle toujours être suspecte.

Septième classe - Esprits neutres

Ils ne sont ni assez bons pour faire le bien ni assez mauvais pour faire le mal ; mais par cela même qu'ils ne font point le bien, ils démontrent leur infériorité. Ils penchent autant vers l'un que vers l'autre. Ils ne s'élèvent pas au-dessus de la condition vulgaire de l'humanité, tant pour la moralité que pour l'intelligence. Ils tiennent aux choses de ce monde dont ils regrettent les joies grossières.

Sixième classe - Esprits frappeurs et perturbateurs

Ces Esprits ne forment pas à proprement parler une classe distincte ; ils peuvent appartenir à n'importe quelle classe du Troisième ordre. Ils manifestent leur présence par des effets sensibles ou physiques tels que les coups, le mouvement et le déplacement anormal d'objets, l'agitation de l'air, etc... Ils paraissent, plus que d'autres, attachés à la matière.

SECOND ORDRE - BONS ESPRITS
Caractères généraux :

Prédominance de l'esprit sur la matière, désir du bien. Leurs qualités et leurs pouvoirs pour faire le bien sont en raison du degré d'élévation auquel ils sont parvenus : les uns ont la science, les autres la sagesse et la bonté ; ils conservent plus ou moins selon leur rang, les traces de l'existence corporelle, soit dans la forme du langage, soit dans leurs habitudes où l'on retrouve même quelques-unes de leurs manies. Les plus avancés réunissent le savoir aux qualités morales.

Ils comprennent Dieu et l'infini, et jouissent déjà de la félicité des bons. Ils sont heureux du bien qu'ils font et du mal qu'ils empêchent. L'amour qui les unit est pour eux la source d'un bonheur ineffable que n'altèrent ni l'envie, ni les remords, ni aucune des mauvaises passions qui font le tourment des esprits imparfaits, mais tous ont encore des épreuves à subir jusqu'à ce qu'ils aient atteint la perfection absolue.

Comme Esprits, ils suscitent de bonnes pensées, détournent les hommes de la voie du mal, protègent dans la vie ceux qui s'en rendent dignes, et neutralisent l'influence des Esprits imparfaits chez ceux qui ne se complaisent pas à la subir. On peut les diviser en quatre groupes principaux :

Cinquième classe - Esprits bienveillants

Leur qualité dominante est la bonté. Ils se plaisent à rendre service aux hommes et à les protéger, mais leur savoir est borné : leur progrès s'est plus accompli dans le sens moral que dans le sens intellectuel.

Quatrième classe - Esprits savants

Ce qui les distingue spécialement, c'est l'étendue de leurs connaissances. Ils se préoccupent moins des questions morales que des questions scientifiques, pour lesquelles ils ont plus d'aptitude ; mais ils n'envisagent la science qu'au point de vue de l'utilité, et n'y mêlent aucune des passions qui sont le propre des Esprits imparfaits.

Troisième classe - Esprits sages
Les qualités morales de l'ordre le plus élevé forment leur caractère distinctif. Sans avoir des connaissances illimitées, ils sont doués d'une capacité intellectuelle qui leur donne un jugement sain sur les hommes et sur les choses.

Deuxième classe - Esprits supérieurs
Ils réunissent la science, la sagesse, et la bonté. Leur langage ne respire que la bienveillance ; il est constamment digne, élevé, souvent sublime. Leur supériorité les rend plus que les autres aptes à nous donner les notions les plus justes sur les choses du monde spirituel, dans les limites de ce qu'il est permis à l'homme de connaître.

Ils se communiquent volontiers à ceux qui cherchent la vérité de bonne foi, et dont l'âme est assez dégagée des liens terrestres pour la comprendre ; mais ils s'éloignent de ceux qu'anime la seule curiosité, ou que l'influence de la matière détourne de la pratique du bien.

PREMIER ORDRE - PURS ESPRITS
Caractères généraux :
Influence de la matière nulle. Supériorité intellectuelle et morale absolue par rapport aux Esprits des autres ordres.

Première classe - classe unique
Ils sont arrivés au terme de leur évolution et sont dépouillés de toutes les impuretés de la matière. Ayant atteint la perfection, ils n'ont plus à subir ni épreuves ni expiation. N'étant plus sujets à la réincarnation dans des corps périssables, c'est pour eux la vie éternelle qu'ils accomplissent dans le sein de Dieu.

Ils jouissent d'un bonheur inaltérable, mais ce bonheur n'est point celui d'une oisiveté monotone passée dans une contemplation perpétuelle. Ils sont les messagers et les ministres de Dieu dont ils exécutent les ordres pour le maintien de l'harmonie universelle. Ils commandent à tous les Esprits qui leur sont inférieurs, les aident à se perfectionner et leur assignent leur mission. Assister les hommes dans leur détresse, les exciter au bien ou à l'expiation des fautes qui les éloignent de la félicité suprême est pour eux une douce occupation. On les désigne quelquefois sous les noms d'anges, archanges, ou séraphins.

Donc, pour résumer, lorsque vous recevez un message, ayez toujours l'échelle spirite à portée de main afin de vous aider à reconnaître quel type d'Esprit se manifeste ; c'est indispensable. Tout Esprit qui s'annonce lui-même comme étant un être supérieur, affirmant que ce qu'il dit *est* la vérité, n'est au contraire que l'opposé de ce qu'il dit être. Il faut bien sûr rejeter tout ce qui, dans un message, s'écarte des lois immuables de la nature, et n'accepter que ce qui est en accord avec la raison et le bon sens. Prenez les communications que vous recevez, et référez-vous à l'échelle spirite en gardant la tête froide.

Comparez, analysez, scrutez chaque mot, cherchez le fond des pensées. Et SURTOUT : ne donnez pas l'occasion aux Esprits qui se manifestent (qui qu'ils soient, ou plutôt *se disent être* : archanges, guides, maîtres ascensionnés, etc...) de s'expliquer sur certains points douteux de leurs communications, car il est absolument certain qu'ils argumenteront. Ils feront tout leur possible pour vous convaincre et vous tromper, mais avec plus d'habileté cette fois.

L'obsession

Chez certaines personnes, le développement de la médiumnité peut être très rapide. Le medium peut alors se prendre d'enthousiasme, et là est le danger.

Donc, toujours dans le but d'apprendre à reconnaître quels types d'Esprits viennent se manifester, et ainsi se protéger, voici quelques extraits du livre *L'obsession*, d'Allan Kardec, dans lesquels sont passés en revue les points principaux nous permettant de déceler l'origine des communications spirites :

– On peut poser comme règle invariable et sans exception que le langage des Esprits est toujours en raison du degré de leur élévation. Non seulement les Esprits supérieurs ne disent que de bonnes choses, mais ils les disent en des termes qui excluent de la manière la plus absolue toute trivialité. Leur langage est toujours digne, noble, élevé. Ils disent tout avec simplicité et avec modestie ; ils ne se vantent jamais, ne font jamais parade de leur savoir ni de leur position parmi les autres.

– Le langage des Esprits inférieurs ou vulgaires a toujours quelque reflet des passions humaines ; toute expression qui sente la bassesse, la suffisance, l'arrogance, la vantardise, l'agressivité, l'intolérance, est un indice caractéristique d'infériorité, ou de supercherie, si l'Esprit se présente sous un nom respectable et vénéré.

– *Les bons Esprits ne disent que ce qu'ils savent ; ils se taisent ou confessent leur ignorance sur ce qu'ils ne savent pas, tandis que les mauvais parlent de tout avec assurance, sans se soucier de la vérité. Toute hérésie scientifique notoire, tout principe qui choque la raison et le bon sens, montre la fraude si l'Esprit se dit être un Esprit éclairé.*

– *Le langage des Esprits élevés est toujours identique, sinon dans la forme, du moins pour le fond. Les pensées sont les mêmes, quels que soient le temps et le lieu. Elles peuvent être plus ou moins développées selon les circonstances, les besoins, et les facilités de communiquer, mais elles ne sont jamais contradictoires. Si deux communications signées du même nom sont en opposition l'une avec l'autre, l'une des deux est évidemment apocryphe, et la véritable sera celle ou rien ne dément le caractère connu du personnage. Si une communication porte en tous points le caractère de la sublimité et de l'élévation, sans aucune tâche, alors c'est qu'elle émane d'un Esprit élevé, quel que soit son nom. Si elle renferme un mélange de bon et de mauvais, c'est qu'elle provient d'un Esprit ordinaire, s'il se donne pour ce qu'il est, ou d'un fourbe, s'il se pare d'un nom qu'il ne sait pas justifier.*

– *Les bons Esprits ne commandent jamais, ils ne s'imposent pas. Ils conseillent, et si on ne les écoute pas, ils se retirent. Les mauvais Esprits sont impérieux ; ils donnent des ordres, et veulent être obéis. Tout Esprit qui s'impose trahit son origine.*

– *Les bons Esprits ne flattent point ; ils approuvent quand on fait bien, mais toujours avec réserve. Les mauvais donnent des éloges exagérés, stimulent l'orgueil et la vanité, tout en prêchant l'humilité, et cherchent à exalter l'importance personnelle.*

– Les Esprits supérieurs sont au-dessus des puérilités de la forme en toutes choses ; pour eux la pensée est tout, la forme n'est rien. Les Esprits vulgaires seuls peuvent attacher de l'importance à certains détails incompatibles avec des idées véritablement élevées. Toute prescription méticuleuse est un signe certain d'infériorité et de supercherie de la part d'un Esprit qui prend un nom imposant.

– Il faut se méfier des noms bizarres et ridicules que prennent certains Esprits qui veulent imposer à la crédulité ; il serait souverainement absurde de prendre ces noms au sérieux.

– Il faut également se méfier de ceux qui se présentent trop facilement sous des noms vénérés, et n'accepter leurs paroles qu'avec la plus grande réserve ; c'est là surtout qu'un contrôle sévère est indispensable, car c'est souvent un masque qu'ils prennent pour faire croire à de prétendues relations intimes avec les Esprits hors ligne. Par ce moyen, ils flattent la vanité, et en profitent souvent pour induire à des démarches regrettables ou ridicules.

– Les bons Esprits sont très scrupuleux sur les démarches qu'ils peuvent conseiller ; elles n'ont jamais, dans tous les cas, qu'un but sérieux et éminemment utile. On doit donc regarder comme suspectes toutes celles qui n'auraient pas ce caractère, et mûrement réfléchir avant de les entreprendre.

– Les bons Esprits ne prescrivent que le bien. Toute maxime, tout conseil qui n'est pas strictement conforme à la pure charité évangélique ne peut être l'œuvre des bons Esprits. Il en est de même de toute insinuation malveillante tendant à exciter ou à entretenir des sentiments de haine, de jalousie, ou d'égoïsme.

– Les bons Esprits ne conseillent jamais que des choses parfaitement rationnelles ; toute recommandation qui s'éloignerait de la droite ligne du bon sens ou des lois immuables de la nature accuse un Esprit borné et encore sous l'influence des préjugés terrestres, et par conséquent peu digne de confiance.

– Les Esprits mauvais, ou simplement imparfaits, se trahissent encore par des signes matériels auxquels on ne saurait se méprendre. Leur action sur le médium est quelquefois violente, et provoque dans son écriture des mouvements brusques et saccadés, une agitation fébrile et convulsive qui tranche avec le calme et la douceur des bons Esprits.

– Un autre signe de leur présence est l'obsession. Les bons Esprits n'obsèdent jamais ; les mauvais s'imposent à tous les instants. C'est pourquoi tout médium doit se méfier du besoin irrésistible d'écrire qui s'empare de lui dans les moments les plus inopportuns. Ce n'est jamais le fait d'un bon Esprit, et il ne doit pas y céder.

– Parmi les Esprits imparfaits qui se mêlent aux communications, il en est qui se glissent pour ainsi dire furtivement, comme pour faire une espièglerie, mais qui se retirent aussi facilement qu'ils sont venus, et cela, à la première sommation. D'autres, au contraire, sont tenaces, s'acharnent après un individu, et ne cèdent qu'à la contrainte et à la persistance ; ils s'emparent de lui, le subjuguent, le fascinent au point de lui faire prendre les plus grossières absurdités pour des choses *admirables. Heureux quand des personnes de sang-froid arrivent à leur ouvrir les yeux, ce qui n'est pas toujours facile, car les Esprits ont l'art d'inspirer de la méfiance et de l'éloignement pour quiconque peut les démasquer. D'où il suit qu'il faut suspecter d'infériorité ou de mauvaise intention tout Esprit qui prescrit l'isolement et l'éloignement de ceux qui peuvent donner de bons conseils. L'amour-propre du médium vient à l'aide de ces Esprits, car il en coûte souvent d'avouer qu'on a été dupes d'une mystification, et de reconnaître un fourbe en l'Esprit en qui l'on avait confiance, et sous lequel on était heureux de se placer.*

Par conséquent, un Esprit peut dire de bonnes choses, mais aussi bonnes qu'elles puissent paraître, si elles sont ternies par *une seule expression, un seul mot qui sente la bassesse*, c'est un signe indubitable d'infériorité. Le langage décèle toujours l'origine de l'Esprit, soit par le fond (la pensée qu'il traduit), soit par la forme (le langage employé). Lorsqu'on communique avec l'invisible, il faut user de toute notre perspicacité et notre jugement pour démêler la vérité du mensonge, car les Esprits pervers sont capables de toutes les ruses pour nous tromper, et le plus grand danger en médiumnité, c'est le fait d'être *certain* de l'Esprit avec qui l'on communique.

Un message peut être signé de mon guide, s'il y a une seule pensée, idée ou expression qui sente la bassesse, je sais qu'il ne peut provenir de lui. Les Esprits supérieurs sont dans l'amour inconditionnel. Ils n'ont de haine ni pour les hommes, ni pour les autres Esprits. Ils plaignent les faiblesses, ils critiquent les erreurs, mais toujours avec modération sans aucune amertume de sentiments, ni animosité. Si l'on admet que les Esprits vraiment bons ne peuvent vouloir que le bien, et ne dire que de bonnes choses, il faut en conclure que tout ce qui dans le langage des Esprits décèle un manque de bonté et de bienveillance, ne peut émaner d'un bon Esprit. L'intelligence est loin d'être un signe de supériorité, car l'intelligence et la morale ne marchent pas toujours de front.

En soumettant toutes nos communications à un examen scrupuleux, en scrutant et en analysant le fond de la pensée et des expressions, en rejetant sans hésiter tout ce qui pèche par la logique et le bon sens, on parvient à ne plus se laisser abuser par les Esprits inférieurs. Ce moyen est le seul, mais il est infaillible, parce qu'il n'y a pas de communications qui puissent résister à une critique rigoureuse. Les bons Esprits ne s'en offensent jamais puisqu'eux-mêmes le conseillent, et parce qu'ils n'ont rien à craindre de l'examen. Seuls les mauvais s'en formalisent et essaient de nous en dissuader, et ainsi, prouvent ce qu'ils sont. Jamais votre guide ou un bon Esprit ne vous dira : « *Ne doute pas de ce que tu reçois.* »

Voici un extrait du livre *Dans l'invisible, spiritisme et médiumnité*, de Léon Denis : « *Le médium inexpérimenté peut recevoir des messages signés de noms célèbres, renfermant des révélations apocryphes, qui captent sa confiance et le remplissent d'enthousiasme. L'Esprit, qui connaît ses côtés faibles, flatte son amour-propre et ses vues, surexcite sa vanité en le comblant d'éloges et en lui promettant des merveilles. Il le détourne peu à peu de toute autre influence, de tout contrôle éclairé, et le porte à s'isoler dans ses travaux. C'est le début d'une obsession, d'un accaparement, qui peut conduire le médium à des résultats déplorables.* »

L'obsession est l'emprise que les Esprits peuvent avoir sur nous. Elle n'a jamais lieu que par les Esprits inférieurs qui cherchent avant tout à s'imposer et dominer. Les bons Esprits, eux, ne s'imposent jamais. On la distingue principalement sous trois formes :

– L'obsession simple : Là, il n'y a pas de réel danger.
Un Esprit inférieur s'impose au médium, s'immisce dans les communications qu'il reçoit, et l'empêche de communiquer avec d'autres Esprits. Le médium a tout à fait conscience d'avoir affaire à un Esprit déplaisant qui s'obstine à le contrarier, et dont il ne parvient pas à se débarrasser. Ce genre d'obsession est donc simplement désagréable et n'a pas d'autre inconvénient que d'opposer un obstacle aux communications que l'on voudrait avoir avec des Esprits sérieux.

– La fascination : ici, les conséquences sont beaucoup plus graves. L'Esprit agit directement sur la pensée du médium, il lui inspire une confiance aveugle. Le médium fasciné n'arrive pas à voir qu'il est trompé, son jugement est comme paralysé. Le danger est justement dans le fait qu'il croit aveuglément tout ce que lui dit l'Esprit ; celui-ci le manipule donc à sa guise, et lui fait accepter les idées les plus fausses comme étant l'unique expression de la vérité. Mais, bien plus grave, il peut l'inciter à des démarches compromettantes, et même dangereuses.

– La subjugation : C'est une sorte de fascination à un état avancé, une étreinte qui paralyse la volonté du médium ; celui-ci se trouve sous un véritable joug. La subjugation peut être morale ou corporelle. Dans la subjugation morale, le médium croit les idées que l'Esprit lui suggère, aussi absurdes et compromettantes qu'elles puissent être. Dans le cas de la subjugation corporelle, l'Esprit agit sur le corps du médium et le fait agir malgré lui.

Surtout, ne vous isolez jamais. N'hésitez pas à demander l'avis de personnes expérimentées ou de centres spirites, qui vous aideront à analyser le contenu de vos communications. De manière générale, on peut reconnaître l'obsession aux caractères suivants :
– Illusion qui, malgré l'intelligence du médium, l'empêche de reconnaître la fausseté des communications qu'il reçoit.
– Croyance en l'infaillibilité et à l'identité absolue des Esprits qui se communiquent, et qui sous des noms respectables et/ou vénérés disent des choses fausses.
– Confiance du médium dans les éloges que lui font les Esprits.
– Prise en mauvaise part de la critique au sujet des communications que l'on reçoit.
– Isolement, disposition à s'éloigner des personnes qui peuvent donner d'utiles avis.
– Envie / besoin incessant d'écrire.

En résumé, pour s'assurer une protection optimale lorsqu'on communique avec l'invisible, il faut :

– Procéder à une étude sérieuse et approfondie du spiritisme afin de bien connaître la théorie avant de se lancer dans la pratique.
– Avoir une intention pure en restant humble, vigilant, prudent, et toujours faire preuve de discernement.
– Travailler activement à notre auto-perfectionnement, et prier Dieu et nos guides de nous protéger.

Voilà les clés qui permettent de se protéger efficacement.

Je voudrais maintenant terminer ce chapitre en partageant avec vous l'extrait d'un message reçu en écriture automatique par la médium Lucie Piazzo, de son guide Verro.

LA FORMATION MÉDIUMNIQUE

« Un médium en formation, c'est comme un enfant en gestation, il a besoin de beaucoup de soins. C'est une fleur qu'il faut soigner avec beaucoup d'Amour et d'Harmonie. Il ne faut jamais oublier un seul jour de l'arroser, car une fleur est délicate et peut se flétrir. Les médiums en formation doivent ressentir en eux-mêmes ce besoin d'être toujours en contact avec des sources de Lumière, car alors ils seront arrosés tous les jours et soignés avec amour et harmonie.

Celui qui a beaucoup de sensibilité et qui veut développer ses dons médiumniques, doit le faire dans un but impersonnel. Son désir intime doit être celui de « Servir ». Si l'on ne porte pas en soi le désir ardent de servir ses frères, et de se rendre utile à la collectivité, il vaut mieux renoncer à développer des facultés qui ne pourraient être que mal employées.

Maintenant plus que jamais, l'humanité a besoin de bons médiums sur tous les plans de son activité. Tout doit renaître à une nouvelle vie, car une nouvelle phase d'orientation évolutive est devant vous. Que celui qui a des qualités spéciales, sache prendre la responsabilité de son devoir, de sa tâche pour la mettre au service de la collectivité.

Ne croyez pas que pour devenir bon médium, il vous soit nécessaire de faire chaque jour des exercices compliqués, de connaître les lois de l'occultisme ou de fréquenter des séances spirites dans le seul but d'accroître ces facultés, si d'abord vous ne vous donnez pas la peine de Vous améliorer intérieurement.

Le chemin le plus rapide pour développer des qualités médiumniques, c'est le réveil intérieur de la conscience, de l'esprit, et du cœur.

Sachez avoir en vous un grand désintéressement, un grand amour et un grand désir de servir, c'est tout ce que l'invisible demande pour venir par votre intermédiaire apporter l'aide, le réconfort, montrer une voie, soutenir les faibles, soigner les malades, ouvrir les yeux aux endormis, montrer toujours la lumière vivifiante de la Conscience de Vie.

Si ces aspirations sont en vous, la fréquentation des ambiances formées spirituellement vous sera très profitable ; tous les Guides présents vous aideront, viendront à vous. Devant la désolation de l'humanité actuelle, prenez conscience de l'aide et du bien que vous pouvez lui apporter. Toute aide donnée avec amour et sincérité mène à la Lumière et à la Vie.

Dans la Vie, la tâche de chaque homme est tracée. Que chacun l'accomplisse en écoutant sa voix intérieure ; car si tout être humain a une tâche, celle-ci n'est pas la même pour tous. Il ne faut donc pas écouter celui qui trace un mode de vie égal pour tout le monde. Sachez donc être un flambeau lumineux d'une clarté pure et vivifiante.

Ayez beaucoup d'humilité, car vous ne pourrez pas être pénétrés par les rayons de la Lumière divine si vous êtes orgueilleux et présomptueux. Soyez très humbles, mais sachez aussi valoriser à sa juste valeur votre tâche qui est d'éclairer, de réchauffer, de donner toujours sous n'importe quelle forme.

Et maintenez-vous bien fermement sur cette voie, sans vous laisser affaiblir par les forces contraires négatives qui essaient toujours d'empêcher tout travail de Bien. Malgré les luttes, les contrariétés, les obstacles, si votre cœur est noble et votre âme pure, vous resterez toujours debout, pour accomplir votre tâche, au nom et au sein de la Conscience de Vie. »

Verro

« *La victoire sur soi est la plus grande des victoires* »
Platon

Le mot de la fin

> « *Essentiellement, le bien est toujours le bien des autres, parce que c'est en faisant le bien aux autres que notre propre bonheur va naître.* »
> *Chico Xavier*

Chers lecteurs, j'espère que la lecture de ce livre vous aura aidés à comprendre le fonctionnement des facultés médiumniques ainsi que les moyens de vous protéger efficacement ; mais bien au-delà de ça, j'espère qu'il vous aura permis de comprendre que la seule vraie voie à suivre est celle de l'Amour.

Tout médium qui comprend l'immense responsabilité dont il est investi, doit prendre les décisions dictées par la sagesse, et non par ses envies personnelles. Il faut accepter de ne pas se précipiter, prendre le temps d'étudier, et travailler à son amélioration avec la plus grande sincérité. Je suis très loin de tout connaître, j'apprends chaque jour. Vous avez pu constater au fil de mon journal, que le Ciel m'a guidée vers une quête dont je n'avais même pas conscience au commencement, mais qui s'est révélée être ce que je recherchais ardemment : *la quête de Dieu.*

Durant ces treize dernières années, j'ai appris à **être**, et c'est tout ce qui importe, car nos facultés médiumniques se développeront naturellement au fur et à mesure que nous travaillerons à notre auto-perfectionnement.

Et, si en cours de route vous chutez, ne culpabilisez pas ; ne vous en voulez pas, car toute expérience est bénéfique et toute ombre peut être transformée en lumière. Si je n'avais pas été subjuguée, je ne serais pas en mesure de témoigner pour aider les autres aujourd'hui. Même si cela demande beaucoup d'efforts de travailler à s'améliorer, la richesse intérieure qui en découle n'a pas de prix. Ce sentiment qui nous habite intérieurement, ce lien avec Dieu, c'est merveilleux.

Lorsque j'arriverai à la fin de ma vie, je veux pouvoir me retourner, regarder le chemin parcouru, et sourire. Je sais aujourd'hui que ce ne sont ni les biens matériels, ni la reconnaissance, ni la satisfaction d'avoir réussi socialement qui nous rendra véritablement heureux. Il n'y a qu'un seul moyen de goûter le véritable bonheur, c'est d'aimer, et de faire le bien autour de soi autant que possible.

Le sentiment de joie que l'on ressent en aidant les autres nous nourrit intérieurement ; il nous permet de nous sentir en paix au milieu des épreuves et au cœur même de l'adversité, grâce à la conscience tranquille d'avoir bien agi. Voilà les biens éternels, les richesses intérieures que nous emporterons avec nous pour l'éternité.

Chers lecteurs, c'est ce bonheur que je vous souhaite à toutes et à tous.

« Je dis que le tombeau qui sur les morts se ferme ouvre le firmament,
et que ce qu'ici-bas nous prenons pour le terme
n'est que le commencement. »
Victor Hugo

Pensées poétiques

Pour tous ceux qui vivent des moments difficiles …

Si tu souffres sur terre, Pauvre cœur affligé
Si pour toi la misère, Est un lot obligé
Pense, dans ta douleur, Que tu suis le chemin
Qui conduit par les pleurs, Vers un meilleur destin.

Les chagrins de la vie, Sont-ils donc assez grands
Pour que ton cœur oublie, Qu'un jour aux premiers rangs
Pour prix de tes souffrances, Ton Esprit épuré
Aura les jouissances, De l'empire éthéré.

La vie est un passage, Dont tu connais le cours ;
Agis toujours en sage, Tu auras d'heureux jours.

Alfred De Musset

(dicté par l'Esprit d'Alfred de Musset, extrait de la Revue Spirite d'Avril 1859).

Ouvrages de référence

Voici quelques-uns des ouvrages spirites de référence que vous pouvez télécharger gratuitement sur internet :

– Le livre des esprits, d'Allan Kardec
– Le livre des médiums, d'Allan Kardec
– L'évangile selon le spiritisme, d'Allan Kardec
– Le ciel et l'enfer, d'Allan Kardec
– La genèse selon le spiritisme, d'Allan Kardec
– Dans l'invisible, spiritisme et médiumnité, de Léon Denis
– Après la mort, de Léon Denis